「非認知能力」の育て方

心の強い幸せな子になる0〜10歳の家庭教育

ボーク重子

小学館

はじめに
「非認知能力」教育は子どもを信じることからはじまる

1998年秋、アメリカ人の夫と日本人の私の間に誕生した娘、スカイ。この本が出る頃、彼女は20歳になります。

思えばあっという間だった気もするし、娘がたどたどしい日本語を一生懸命話しはじめた幼児の頃が、遠い昔のようにも感じられます。

アメリカ・ワシントンDCで生まれ育ったスカイにとって、母国語は当然、英語です。日常の会話も英語ばかりですが、どうしても日本語を覚えてほしくて、生まれたころから意識的に日本語で話しかけるようにしていました。

ですが、テレビから流れてくるのも、パパとの会話もお友だちとの会話もすべて英語ですから、日本語上達のスピードはなかなか上がりません。語彙は、もちろん日本の子どもの年齢レベル以下でした。だから焦ったり少しイライラしてしまうこともあったのです。

ある日、私がいつものように娘と日本語で会話しようとしていたときのこと。スカイが3歳の頃でしょうか。何かのゲームにかかる時間について聞いたとき、スカイは日本語で答えようとして言葉に詰まり、丸いほっぺを少しピンクに染めながら、もごもごしています。ちょっとイライラしながらも黙って様子を見ていると、次の瞬間、「いっこミニット！」と言って、にっこり笑いました。

「いっこ＝1個」と「ミニット＝分」。つまり〝1分〟と言いたかったのに、「分」の日本語単位を知らなかった彼女は、自分が知っていた「1」を意味する「いっこ」と、英語の「ミニット＝分」をつなげて、私に伝えようとしたのです。

大人からすれば、たいしたことのない話に聞こえるかもしれません。でも、その数秒の間に、3歳の幼児の頭の中では「知識」と「情報」が総動員され、論理的「問題解決」のための最大限の努力が行われたのです。

しかも彼女はわからないことを自分の母国語である英語を使って解決せず、そのときの私との間のルール（日本語での会話中は必ず日本語を使う）を守って解決したのです。子どもの能力と可能性を信じる前にイライラした自分が恥ずかしくなりました。

また、こんなこともありました。自宅に友人のフランス人女性がスカイと同じ年頃の娘さんを連れてやってきたとき、娘はその女の子と遊びたくてしかたがないようでした。まずスカイは「Hello!」と元気に声をかけましたが、相手の女の子からの反応はなし。次に娘は「こんにちは！」と日本語で話しかけたのです。

思わず友人と顔を見合わせて笑ってしまいましたが、スカイにとってみれば、これもまた知識を総動員した「問題解決法その1」。英語で話して相手がわからない様子だったら、他の言語を繰り出してみる。残念ながら日本語にも反応はありませんでしたが、その後、「問題解決法その2」に進んだ娘は、身振り手振りでコミュニケーションを図り、結果的に2人はご機嫌で遊びはじめたというわけです。

これもまた、どうということのない幼児の日常の一場面でしょう。しかし幼児の頃から親の力に頼らず、自分の力で問題を解決する力とそれを支える強い心を養うことは、その子の一生にとって大変重要なことなのだということを、私は後から知ることになります。そしてそんなとき、親はイライラしたり、効率を考えて手っとり早くやってあげてしまったりするのではなく、子どもを信じ、グッと我慢して待つことの大切さも学ぶことになりました。

別に、スカイが特別というわけではありません。多くの子どもには本来、「自分で問題に挑戦し、解決する力」や「強い心」の可能性が備わっています。それをうまく誘導して大きく花を開かせることができるか、反対にその芽を見過ごして、親がいなければ何も解決できない折れやすい心を持った子にしてしまうかは、家庭での教育にかかってくる部分が大きいということなのです。

実は、私には「子育てが苦手」と感じていた時期がありました。母親としての自信もなく、娘に対してひどいことを言ってしまったこともありました。でも、そんなふうに転んだり、よろめいたりしながらも、常に娘と向き合い、アメリカの驚くべき教育法や素晴らしい教育者の方々との出会いを繰り返すうち、私自身も人間として成長できたのです。そこで見つけたのが、まさにこの本のタイトルとなる「非認知能力」という言葉でした。

当時からアメリカの教育関係者を中心に使われはじめていたこの言葉が意味するのは、「テストの結果」や「IQ（知能指数）」などの数値化できる能力ではない、総合的な人間力のことです。もっとくだけた言葉にするなら、教科書を使った勉強で養われる能力ではなく、「くじけない心」や「想像する力」、「コミュニケーション力」、「問題を見つけ、解決する力」、「行動する力」、「やり抜く力」、「我慢する力」など、実際の生活の中でこそ身につけていける「生きる力」のことです。

テストやIQなどの数値で表せる能力を「認知能力」と呼ぶのに対して、このような基本的な人間力は、数値で表せない能力として「非認知能力」と呼ばれています。

奇しくも日本では2020年の教育改革でこうした能力を伸ばすことに注力していく方針が言及されており、これからの教育法として多方面で注目されているようです。

昨今、日本の国力が落ちていると言われるのも、日本の教育が「学力偏重」に陥り、人間教育がおろそかにされてしまったのが原因だと指摘する教育者も少なくありません。そのため、世界的に日本は「先進国の中で珍しく起業家が育たない国」という不名誉なレッテルも貼られてしまっています。

でも、やっとこの教育改革の流れが、私の愛する日本にやってきたのです！

もちろん、アメリカがすべて良いというわけではありません。皆さんもご存じのように社会問題は山積しています。しかし、この「非認知能力」を育むシステムに関しては、まちがいなく世界に先駆けて取り組みはじめた国です。

1990年代ごろまでのアメリカには、まるで今の日本のような「学力偏重」主義がはびこっていました。そこであがってきたのは、採用企業側からの「名門大からの新卒者が皆、同じ顔をしているぞ！　言うことも同じでまるでマニュアル通りだ。個性的で、人間的魅力に満ちた若者はこの国にいないのか」「スティーブ・ジョブズのような変わり者はいないのか？　このままでは国が滅びる！」といった、悲鳴にも近い声でした。

つまり、今日本に起きている問題が、アメリカでは少し前に起きていたことになります。そこでアメリカの教育界は、学力への偏重をばっさりと切り捨て、「非認知能力」を育てるシステムへと大きく舵をきることになりました。

ちょうどその少し後に、私はワシントンDCでスカイの子育てをすることになったというわけです。この本では、それをどう家庭で活かしていくのか、できる限り詳細に説明していきます。


スカイの子育てもほぼ終わり、現代アートギャラリーのオーナーとしての仕事も満足できる結果を得ることができた今、私は50歳を過ぎてまったく違う仕事に挑戦しています。「ライフコーチ」、それが私の新しい肩書きです。

日本ではまだあまり馴染みがないかもしれませんが、アメリカではライフコーチという職業は大変人気で、有名な政治家や人気アーティストなども皆それぞれに自分にあった「コーチ」を抱えています。

スポーツ界ではコーチがいるのは当たり前ですよね。それと同様に、通常の生活でも、より幸せに充実した毎日が過ごせるよう、ライフコーチを持つのです。

コーチの仕事は、いろいろな質問を通してクライアントが自分を知り、自分に正直になることでみずからの心を可視化し、自信を持って前に進んでいくお手伝いをすることです。人生設計やキャリア構築のお手伝いという、時間軸が〝未来〟の素敵な仕事だと思っています。いわば、マラソンランナーと伴走するランニングコーチのような立ち位置でしょうか。

この仕事をする上でも、「非認知能力」は大きなキーワード。コーチの仕事の大きな部分は、クライアントの中の「非認知能力」を引き出し、クライアント自身がそれを育んでいくのを見守ることともいえます。子どもだけでなく、どんな年代の方にとっても、「非認知能力」を豊かに備えている人は、とても幸せに暮らしています。一方、発想転換ができず凝り固まった考えに固執する人は、たいていこの「非認知能力」を育む教育を受けていません。私もかつてはその一人でした。私の「非認知能力」は発展途上にあり、幸福からも自分らしい人生からも遠いところにいたのです。

私自身の人生をも変えた「非認知能力」。

まずは、私がアメリカで子育てをはじめた頃の「ショッキングな出会い」あたりからお話しさせてください。

CONTENTS

第1章

非認知能力とは

数字で表せない、豊かな「人間力」と「生きる力」

ショッキングな出会い

「ここが本当に学校なの？」

それが、私がその場所を訪れたとき、つい出てしまった言葉でした。

それは、日本でいう幼稚園生から小学3年生までの年齢の子どもたちが通う初等学校へ見学に行ったときのことです。その学校では、先生たちが何か指図することはなく、子どもたちが好きなように自由に遊んでいたのです。

いいえ、よく見てみると、好き勝手に「遊んで」いるわけではありません。指を使いながら楽しげに算数をしている子がいる一方で、教室の床に寝そべって本を読んでいる子もいます。先生らしき大人に何かを説明している子もいます。そうかと思えば、クラス全員で集まって座り、自分たちが守るルールについて真剣に考え、互いに意見を出し合って決めていました。たった4歳の子どもでも、しっかりと自分の意見を発表しているのです。

一人ひとりが机に座って、皆で静かに先生のお話を聞く――私が日本で経験してきたような、幼稚園や小学校でよく見られる光景は一切ありませんでした。

「はじめに」でご紹介したように、娘の幼児期にささやかな「自分で問題に挑戦し、解決する力」を見た私は、我が子のこうした力を伸ばしたいと考えるようになりました。

そもそも娘が生まれたとき、私は心の底からこう願ったものです。

「この子には、自分らしく生きてほしい。どんなときも自分自身で人生を切り開くことのできる、心の強い人間に育ってほしい」

そのため、私は娘が赤ちゃんの頃からさまざまな体験をさせてきました。言葉もまだわからないうちから頻繁に話しかけ、さまざまなおもちゃで一緒に遊び、ほとんど毎日、外へ連れ出しては公園の芝生で歩かせ……。娘が幼稚園に通う年齢になると、ワシントンDC中を駆け回り、7校の幼稚園や学校を見学しました。そして、私はそのうち一つの初等学校「ボーヴォワール校」で、今まで見たことのない光景を目にすることになったのです。

このボーヴォワール校では、4、5歳の小さな頃から自分の頭で考え、自分の意見を人前で発表し、自力で問題を解決することが求められていました。「心」の強い子を育てるという教育方針の下、子どもの個性を尊重し、自分で考える力を引き出すことにフォーカスしていたのです。この学校の子どもたちは、相手が先生であれお友だちであれ、誰と意見を交わすときも臆することなくのびのびと話をし、お互いの存在を認め合っていました。

何よりも、子どもたちが思う存分いきいきと遊んでいる姿が印象的でした。

この学校では、子どもたちが小学校に上がる年齢になってからも、教科書は使いません。

宿題も一切出ませんでした。

　先生から一方的に授業を教わるのではなく、お手本を見て自分たちで体験し、お互いに話し合うことで方法や答えを発見していきます。子どもたちはゆっくりと時間をかけ、「自分の頭で考えて、問題を解決する手法」を学んでいくのです。

　子どもたちが学校で過ごす様子は、勉強しに来ているという感じではありませんでした。そう、まるで遊びに来ているという感じなのです。

　その後、私はこの系列の高校も見学したのですが（小学校4年生から高校までは、男子校と女子校に分かれます）、全体的にのんびりとした雰囲気で、生徒が皆、笑顔でいることが印象的でした。いじめや飲酒の問題もなく、高校3年生になっても、卒業するまで放課後はスポーツに興じています。生徒たちの社会貢献活動も、非常に盛んでした。

　それでいながら、学業面ではアメリカでトップクラスの高校なのです。

　これはいったい、どういうことでしょう？　小学校3年生まで教科書も宿題もなく、英才教育とは真逆の初等教育を受けてきた子どもたちが、高校卒業時には全米トップクラスの大学に入っていく。そして社会に貢献する、志の高い大人になっていくのです。

　それが、私が「非認知能力」を育む教育を目の当たりにした最初の機会でした。

　その後、この学校の先生たちに話を聞き、自分でもさまざまな研究結果などを調べた結果、「非認知能力」を育む教育こそが、私の求める〝世界最高の子育て〟だと確信したのです。

「非認知能力」が求められる「全米最優秀女子高生」コンクール

娘が18歳だった２０１７年7月、我が家の生活が一変するような出来事が起こりました。娘のスカイが、優勝者に大学奨学金が与えられる「全米最優秀女子高生」コンクールで優勝し、テレビやラジオ、新聞、雑誌など多くのメディアで紹介されるようになったのです。この奨学金コンクールは、全米の女子高生が知性や才能、リーダーシップなどを競うもので、高校生に向けた賞の中でもっとも名誉があるものの一つとして、毎年、大きな話題を集めています。

その60年にわたる歴史においても、ワシントンＤＣ地区の代表は過去に数回しか出場歴がなく、さらにアジア系の生徒が優勝したのも過去わずか3回だけ。スカイの優勝は稀有な例として、多くの人から注目されたのでしょう。

でも、娘自身だけでなく、私まで多くのメディアに取材されたことには驚きました。そして、「娘さんをどんなふうに育ててきたのですか?」といった質問を何度も繰り返されるたび、親にとって子育てがどれほど大変で難しいものであるか、そして、いかにたくさんの親御さんたちが日々その「正解」を探し求めているかを実感したのでした。

相談や質問の中には、こんなものもありました。

「どの時期に、どのくらい勉強させればいいのでしょうか？」

日本でも多く聞かれた質問ですが、残念ながら、私はこの問いに答えることができません。私がやってきたのは、それとはまったく反対のことだったからです。

私は娘に対して、幼児期から読み書きや計算などを教える詰め込み教育は一切しませんでした。ボーヴォワールに入学してからも、勉強しなさいと言ったことは一度もなければ、九九や算数のドリルをやらせたこともありません。テレビやゲームを禁止したこともありませんでした。

娘がティーンエイジャーになってからも、娘の進路について「こうした方がいいんじゃない？」などとアドバイスしたこともありません。コロンビア大学に進学することも、娘はいつの間にか自分で決めていました。

コロンビア大学を受験しようと思った娘は、その学費の高さに驚き、学費の足しにするために、この「全米最優秀女子高生」のコンクールに挑戦したそうです。

唯一私が気をつけていたのは、娘の「生きる力」をまっすぐ伸ばすということでした。

娘には、自分で自分の人生を切り開き、幸せに、自分らしく、伸び伸び生きてほしい。そのための力がつくようにサポートすることこそ、親の役目だと思うのです。

ですから私は、ボーヴォワールでの教育を知ったとき、まさにここが娘にとって最適な環境であることを実感したのでした。

画期的だったヘックマン教授の幼児教育研究

「全米最優秀女子高生」コンクールでも、アイビー・リーグなど全米トップの大学の入学試験でも、審査基準として求められているのは、「正解のない問題に、自分らしく立ち向かって解決していく力」です。それには主体性、柔軟性、想像力、自制心、自己肯定感、自信、回復力、やり抜く力、社会性、協働力や共感力などが求められます。これは従来の「学力」とは違った能力です。

これらを総合して「非認知能力」と呼んでいますが、今やアメリカでもっとも重視されている子どもの能力は「学力」ではなく、人間としての基本的な力、つまりこの「非認知能力」なのです。

「非認知能力」が注目されるようになったきっかけは、２０００年にノーベル経済学賞を受賞した、シカゴ大学のジェームズ・ヘックマン教授の幼児教育の研究でした。

この研究は、就学前の幼児教育を行った子どもと何もしなかった子どもを比べたところ、高校卒業率や平均所得、生活保護受給率、犯罪率などに大きな差が現れたというものです。対象の子どもたちを長期間、追跡調査し、40歳時点で比べた結果、就学前教育を受けた人たちは、受けなかった人に比べて高校の卒業資格を持つ人の割合が20％も高く、5回以上の逮捕歴を持つ人の割合が19％も低いものになりました。また、月収2000ドルを超える人の割合は約4倍、マイホームを購入した人の割合も約3倍だったのです。

この研究は幼少期の教育が学力以外にも好影響をもたらし、人生を良い方向へ導いていくことを示しています。就学前の教育がいかに大切かということです。

でも、さらに重要なのは、この先です。

研究の結果、乳幼児期などの早期教育では、学習面を強化しても、IQの数値を短期間高めるだけで、長期的に高めることにはつながらないことがわかりました。就学前教育を受けた子どもたちがもっとも伸ばしたのは、学習意欲をはじめ、誘惑に勝つ自制心や、難解な課題にぶつかったときの粘り強さなどの「非認知能力」だったのです。

さらにヘックマン教授は、IQよりもこうした「非認知能力」の方が、実際の社会生活では重要とされることが多いことも指摘しています。

つまり、幼児期には詰め込み教育などで学力を伸ばすより、「非認知能力」の基礎を身につけて、魅力的な人間性の土台を築く方が重要だということなのです。

「非認知能力」には、人としてのあらゆる良い資質が含まれます。自己肯定感や自制心、社会性、好奇心、想像力、共感力、主体性、柔軟性、回復力、やり抜く力など。こうした力は将来の年収や学歴、職歴などに大きな影響を及ぼし、成功のための重要な要因となります。

さまざまな研究の結果、「非認知能力」がもっとも伸びるのは10歳までの乳幼児期であり、この時期にはこの能力にフォーカスして育てることが大切ということもわかりました。

「非認知能力」が高くなれば、学力も高くなる

4歳から9歳までを教育するボーヴォワールでは、まさにこの時期を最大限「非認知能力」の育成に費やしていましたが、それを伸ばすことによって、学力向上だけではなく、クラスの雰囲気も良くなり、子どもたちの精神状態が安定して、いじめが減ることも数々の研究で実証されています。さらに、子どもの学習意欲や社会への参加意識が高まるなど、さまざまな効果があることも明らかになっています。

「非認知能力」が伸びていけば、学力も伸びるのは当然の流れです。自制心や想像力、自己肯定感、主体性などの非認知能力が高ければ、何かをやりたくないと感じたときにも、自分が何をすべきかを考えて自主的に参加することができます。

さらに、自己肯定感や自信があれば、少しくらいテストの点数が悪くても、落ち込むのではなく次は頑張ろうと思えるし、人と違ってしまうことを気にせず自分の好きなことをとことん追求することができます。好きなことをしているとき人は自然と笑顔になり、心がポジティブ思考で満たされ、幸福度と満足度が上がります。

また、もし困難な問題にぶつかっても、やり抜く力と回復力に後押しされて、想像力や論理的思考、問題解決力などを使って柔軟に解決することができます。そしてさらに難しい問題に挑戦していくのです。そうしてますます学力がついてくる。

こうした能力を持つ子どもが、テストの勉強くらいできないわけがありませんよね。

「非認知能力」は数値で表すことができないため計測することはできませんが、学力向上に役立つことは、ボーヴォワールと系列校の生徒たちが実証しているといえるでしょう。

たとえば、娘の同級生たちのSAT（大学進学適性試験）の平均点は2400点満点中2110点でした。これはアメリカの公立校のなかでトップのマサチューセッツ州の平均点から600点近くも高い点数でした。さらに卒業生の多くはハーバードやスタンフォード、コロンビア、イェールなどの全米トップ20と呼ばれる大学に進学しています。

私は娘に対して一度も「勉強しなさい」と言ったことはありませんでしたが、非認知能力を育むことにフォーカスした教育を受けた娘は、自分のやるべきことを理解し、いつもすすんで勉強していました。そのため睡眠時間も十分にとり、ガリ勉とは無縁でしたが、SATではほぼ満点を取り、高校4年間の成績も一つを除きすべてAを取っていました。

さらに、娘は大好きなバレエにも全身で打ち込んでいました。バレエはとても厳しい世界でしたから、端で見ていて辛いだろうと思うこともありましたが、どんな壁が立ちはだかっても、問題に立ち向かい、自ら立ち上がる強さを身につけていました。娘が自然に身につけてきた問題解決能力の高さと精神的な強さは、「非認知能力」を伸ばす教育に負うところが大きいと思います。

正解のない時代に求められるもの

今、なぜ「非認知能力」が大きな注目を集めているのでしょうか。
それは時代の変化と密接な関係があります。

ＡＩの開発が進む現在、世界はますます多様化し、複雑化しています。今やインターネットやコンピューターを使えば、世界中の知識が瞬時に手に入るようになりました。

こうしたテクノロジーの進化によって、これまでに存在し得なかった仕事が生み出されただけでなく、職種によっては、人間の仕事がコンピューターに代替されるようになると言われています。野村総合研究所の研究によれば、約20年後には、今、日本の労働人口の約49％の人が就いている職業でＡＩの代替が可能になるといいます。

ＡＩの進化によって仕事が奪われるといわれているのは、レジ係や車の運転手だけではありません。会計や財務の専門家、記者、トレーダーやファンドマネージャー、医師などの仕事でさえ、すでにＡＩが採用されている例もあります。

では、人間にしかできない仕事とはどんなものでしょうか。一度きりの自分の人生を幸せに生きるために、私たちはそのことを十分に考えておく必要があると思うのです。

アメリカの教育で日本と違う点はいくつもありますが、娘が中学生のとき、数学のテストで電卓の持ち込みが許可されていることには驚きました。もちろん計算に重きをおく問題は自力での計算が求められますが、より難解な文章問題は、計算の部分は電卓を使って計算し、頭脳と時間はもっとクリエイティブな問題解決のために使うという考え方が主流。大学入試のためのＳＡＴでも、数学の一部の問題で電卓の持ち込みが許可されています。

私もはじめこそ驚いたものの、考えてみれば当然のことかもしれません。私たち大人だって、今やあらゆる機会に電卓やパソコンを使いますよね。必死に訓練して計算がとても速い人間を育てても、コンピューターに取って代わられるだけでしょう。基礎的な計算さえしっかりできるなら、より複雑な問題を解決する力を伸ばした方がいいはずです。余談ですが、コンピューターができる前は、計算を早くする人間たちがコンピューター（計算する人）と呼ばれていました。今やその仕事は完全に機械に取って代わられています。

変わりゆく人物評価の基準

アメリカの大学では人種差別是正のため、１９６０年代からアファーマティブアクション（社会で差別をなくそうとする活動。弱者を救済する措置）を導入し、さまざまな人種に門戸を開いてきました。次には男性にだけ門戸を開いていた大学が女子学生を受け入れ始めました。しかし、人種や性別は異なっても入試の方法が点数重視だから、テストの準備が十分にできる同じような経済環境を持つ子や、学力に秀でた子ばかりが集まっていることが、次第に問題視されるようになりました。

日本でも、近年、東京大学に入学する学生の家庭の年収が平均に比べてかなり高いことが指摘されています。

東大生の出身家庭の世帯年収を見ると、950万円超という家庭が半数以上の54・8%を占めますが、一般には、この層の家庭は全体の22・0%に過ぎないのです。

しかし、自分と似たような環境の学生ばかり集まっていたら、視野が狭くなるばかりか、他者に対する共感力や想像力も育ちにくくなるでしょう。学力以外の多様な才能が集うことで、互いに刺激を受け合うこともありません。


このように、学生の家庭環境や能力が画一的なままでは、どんなに人種的性別的に多様化しても国は繁栄していかないという危機感から、アメリカでは1990年代頃より個人をテストの点数という視点のみでなく経済的バックグラウンド、特技、社会貢献、その他のあらゆる経験など、ありとあらゆる角度から評価する「ホリスティックアプローチ」が多くの大学や企業で導入されるようになりました。

勉強ができるだけでなく、社会の発展のために世界にいろいろな形で貢献できる人材を求めるようになり、人材の多様化がはじまったのです。ですから、今ではSATなどの共通テストの点数を受験時に提出しなくていい大学も300校近くありますし、全体的にエリート校になればなるほど、共通テストの点数は参考程度というところが多いのです。人物評価の基準は、点数とは程遠いところにあるのがグローバル社会の現状です。

〝勉強熱心〟な日本の親

一方、日本ではどうでしょうか。ヘックマン教授の研究が紹介された当初は非認知能力の重要性が指摘されたものの、幼児期の早期教育を希望する親は依然として多いようです。

近年では「第二次早期教育ブーム」ともいわれ、幼稚園だけでなく、保育園でも幼児教育の時間をカリキュラムに組み込む施設も増えています。一部の幼稚園の中には、私立小学校の「お受験対策」として、文字の読み書きやたし算、ひき算、英語教育などを行うほか、面接の練習までする園もあるようです。

また、２０１７年3月に行われたベネッセ教育総合研究所の保護者意識調査によると、我が子にはスポーツや芸術活動をするより、もっと勉強をしてほしいと考える親の割合は8年前の調査より10％以上も増えて4割以上もいるといいます。

少子化で一人の子に手をかけられるようになったことも影響しているのでしょうが、こうした調査は、長期的不況によって先行きがどうなるかわからない不安から学歴重視の傾向がますます強まっていることを示しています。しかも、さらに早期化しているようです。

もちろん基礎的な知識は必要ですから、私はこうした早期教育を否定するつもりはありません。考える力は多様な知識や技能がベースになりますし、実際に日本人の学力は世界的に見てもトップクラスを誇っています。

ただし、早期教育は「何のためにやるのか」が大事なのではないでしょうか。

子ども自身が興味を持っていて自発的にやるなら、とてもいいことだと思います。「この本を自分で読めるようになったら楽しい」とか、「早く誰かにお手紙を書きたい」とか、「英語を話せたら、ほかの国の人とも話せて嬉しいな」など、世界が広がるような目的があって、それを叶えられたとき、子どもは大きな達成感と自信を得るでしょう。自己肯定感だって上がります。

でも、それが小学校のお受験のためだけだとすれば、どうでしょうか。子どもは親に愛されたいという願望が強いので、親を喜ばそうとして何とか頑張る子もいるでしょう。余談ですが、幼稚園お受験のために塾通いをしている男の子のお父さんが、こんなことを言っていました。「妻がお受験に熱心で、ママを喜ばせようとして塾で頑張る息子を見ていると、万が一どこも受からなかったとき息子がどう思うかを考えると心配で仕方がない」

なんのためにやるのか、合格以外の「意味」を見つけられたなら、合格してもダメでもこの男の子はきっと結果に満足感を得るだろうな、と感じました。

親が子どもに人生のレールを敷いてあげることで、子どもは親の言う通りに忠実に実行する従順な「いい子」に育つかもしれません。でも幼少時から自分の本音を抑え、常に親の顔色をうかがい、その希望を叶えることを優先していると、自己肯定感や主体性、柔軟性、回復力、やり抜く力などを育む機会が減ってしまいます。

こうした子どもが思春期になり、目の前に大きな問題が立ちはだかったとき、あるいは社会に出たとき、自分の力で問題を解決して壁を乗り越えていけるでしょうか。折れない強い心を持っているでしょうか？

私は、どう変わっていくかわからない時代こそ、精神面の強い子どもが求められていると思うのです。どんな時代や状況になっても臨機応変に対応できる子どもです。

今日あった仕事が、明日はもう機械に奪われてしまうかもしれないのです。テストに出る知識ばかり覚えてきた子どもは、この変化にどう対応していくのでしょうか。

簡単には折れにくい、しなやかな心。そして、どんな逆境からも這い上がっていける回復力。これは「レジリエンス」と呼ばれ、教育界でも大変注目されている非認知能力のひとつですが、こうした力を持つ子どもの方が、変化や逆境にはずっと強いはずです。そして真に幸せな自分の人生を歩んでいけるはずです。

家庭で伸ばせる「非認知能力」

ボーヴォワール校で「非認知能力」に触れた私は、自分でもさまざまな教育研究について調べ、日々の子育てに応用し、毎日の習慣に取り入れていきました。

本書では、生きていく上で欠かせない「非認知能力」を伸ばすために家庭でできることを具体的に紹介したいと思いますが、私が特に注力したのは以下の3つのことでした。

1 家庭のルールづくり（世の中にはルールがあることを教え、守らせる）
2 豊かな対話とコミュニケーション（表現する力と自信を養う）
3 思う存分、遊ばせる（遊びの中から問題解決能力を伸ばす）

これらはどのご家庭でもやっている、ごく当たり前のことだと思います。

しかし、この3つには、子どもの成長に非常に重要な要素がふんだんに入っています。

特に幼児期の子どもは、こうした日常生活や遊びを通して、身体も心も大きく成長していくのです。これらに関しては第2章から順を追って詳しくご紹介していきます。

また、親が子どもを育てる上で大事なことはたくさんありますが、我が家では常に、以下の４つのことを意識していました。

1　子育ての目的を明確にする

我が家では、何をするときも常に「何のためにやるのか」を明確にしていました。もっとも大事なことは、子育ての目的を明確にするということ。私の子育ての究極の目的は「我が子が自立して幸せに生きられるようにサポートする」ということでした。子どもをいい学校に入れることや、子どもの偏差値を上げることではありません。社会に出てから「センター試験何点だった？　偏差値いくつ？」なんて聞かれたことはありますか？　そんなものは人生の本番では関係のないことです。

今やっていることは本当に子どものためなのか、親の希望や見栄のためではないかと常に自問することが大事だと思います。また子どもが混乱しないためにも、夫婦でしっかりと話し合って、この基本方針を共有し守るようにしました。

2　子どもが安心してチャレンジできる「安全な環境」をつくる

親は、子どもが何でも挑戦できる、何度でもやり直せる安全な環境をつくることが大事です。安全な環境とは、子どもの「心の安全」が保たれるということ。自分はここにいてもいいのだ、ここで必要とされているのだ、愛されているのだ、思うことを言っても批判されないのだ……と実感できる場所。そして心から楽しいと思える場所が必要です。

そんな環境でこそ、子どもは安心して自分の思うことを口にできますし、誰か別の人になりたいなどとは思いません。失敗を恐れずに挑戦する勇気を持ちます。自分の存在を認められようとして声高に叫ぶこともなければ、卑屈になることもなく、ありのままの自分でいられるのです。

安全な環境には3つの柱が必要です。

①「子どもの存在を認めること」
②「個性を認めること（子どもを自分とは違う一人の個人として尊重すること）」
③「子どもが楽しむことを重視した環境」

子どもが常に「愛されている」と感じ、安心して帰ってこられる場所があるということが子どものレジリエンスを高めます。外で何か問題があっても、自力で問題を解決したり、親と話しながら解決策を見つけたり、明日への鋭気を養うことができるのです。

私はいつも娘に「ママは、どんなときもあなたとパパを守るからね！」と話していました。そして言葉で言えない思いは、ぎゅっと抱きしめる、手をつなぐ、笑いかけるなどの態度で伝えるようにしています。

また、最低でも一日一回は家族で食事をするようにしていました。このコミュニケーションの時間はかけがえのないものです。私の実家では、母が塾を経営していたため、朝食も夕食も別でしたが、毎晩10時には家族全員が顔を合わせてお茶を飲みながら話をしていました。それだけでも、子どもの頃の私は親の愛情を十分に感じることができたのです。

全員の顔を見て、声を聞く。それだけでも子どもを安心感で満たし、自己肯定感を高めることができます。

さらに娘の誕生日や記念日は忘れないようにして、大げさなくらいに祝っていました。家庭は、社会のコミュニティの最小単位です。安心して何でも言える環境を用意することで、子どもがより大きなコミュニティに出ていくための自己肯定感や自信や回復力、そして勇気を育むのです。

3　子どもの持つ力を最大限に引き出すための労力は惜しまない

大事なポイントは、お金をかけるのではなく、労力をかけるということです。

子どもとよく話をし、一緒に遊ぶのにお金はかかりませんし、いつでもはじめることができます。子どもが小さければ小さいほど効果がありますが、小学校からでも遅すぎるということはありません。

一番大切なのは、親が自分の思いや希望を押し付けず、我が子を肯定的に認めることです。そうすれば、子どもは自信を持ち、自分で考えるようになり、自分の考えを口にし、自力で実行するようになります。

日頃から子どもに注意を向けて、よく観察することも大切です。

親の仕事は、子どものパッション（＝好き、得意、上手）をゴール（＝その人にしかない強み）に導く手伝いをすることです。子どものパッションを引き出すために、親は子どもに何度でも挑戦させる労力を惜しまないことが大切です。

4　自分も子どもも、ありのままの姿を受け入れ、認める

自分をありのままに受け入れられた時、自己肯定感が生まれます。自分を受け入れられれば、幸福度と満足度が上がるのです。自己肯定感なしに幸せを感じることは難しい。だって、自分を好きでない人が幸せを感じることは無理でしょう。弱点も含め自分のことをありのまま受け入れる気持ちがなければ、他人との比較で、常に心は後ろ向きになってしまうでしょう。それでは自己肯定感も自信も決して生まれません。

子育てでは、親自身、特に母親が幸せであることも重要です。なぜなら、子どもを育て

る上で母親の影響は絶大だからです。母親が自信がなかったり、自分を見失っていたり、不幸であったりすれば、そうした姿勢は子どもにも「伝染」します。また、自分のことを認められない親は、子どものありのままの姿も愛することができません。常に無い物ねだりをして他の人と比較してしまうからです。

日本で講演やセミナーを行うと、自分に自信がないと訴えるお母さんたちにも出会うことがあります。私に不安を訴える彼女たちを見ていると、かつての自分自身を見ているようで、私の中の共感が最高レベルになります。私自身も自信を持てず、自分を見失ってい た時期があったから。当時は、自分自身に不甲斐ない思いを抱いていて、自分があまり好きではありませんでした。

でも、そんな私の態度は「伝染」しますから、子どものためにもこのままではいけないと思い、まずはありのままの自分を受け入れるようマインドリセットを心がけるようになりました。第5章で詳しくご紹介しますが、自己肯定感をはじめ非認知能力が恐ろしく低かった私は、ダメなところも含めて自分を正直に見つめ、自分をありのままに受け入れ、パッションを見つけたことで、人生が１８０度上向きに変わりました。

たとえば、キャベツの芯を思い浮かべてみてください。

キャベツにはたくさんの葉が重なっていて、真ん中の芯は見えませんよね。大人も同じように、成長や経験とともにたくさんの思い込みや常識、既成概念などで心が覆われています。「私には無理に決まっている」とか、「こうした方がいいはずだ」とか……。そうして自分の夢やパッションも見えなくなってしまう。

子育てではその葉っぱを一枚ずつ剥がしていって、自分と子どもをあるがままに見つめることが必要だと思うのです。現在私はライフコーチングを行っていますが、ときどき子育てに悩むママにもコーチングを行っています。母親の意識改革の方法も長い時間をかけて試行錯誤しながら考え出したものです。それについては、第5章以降でご紹介します。

「心」の強さがあれば、人生が変わる

今、世界にはさまざまな問題が山積しています。過去に例のない問題や、一国だけでは解決できない問題も少なくありません。そうした時代には、多くの国々と連携して、より大きな利益を考えながら問題解決にあたることが必要になってきます。

そんな時代に求められているのは、世界的な視点を持ち、多様な人々と協働しながら、前向きに問題に取り組んでいける、真のグローバルな人材です。グローバル社会での教育は、すでに点数重視から人間力育成へと移行しています。

前述したように、日本の大学も少しずつではありますが、学力重視から人間力重視へと主軸を変えつつあります。従来の学力一辺倒の入試から、面接や小論文などを取り入れ、多面的な評価によって多様な人材を集めようとする大学が増えているのです。

また、２０２０年度からは、国公立大学の入試内容が大きく変わるといわれています。知識だけでなく、「思考力・判断力・表現力」がより重視されるようになり、現在のセンター試験で実施されているマークシート式問題も見直しが検討されています。日本でも「非認知能力」が今後ますます必要とされる能力になることは間違いありません。

知識を詰め込むよりも、まず「心」を強くする。

「非認知能力」を鍛えて、「心が強い子」になれば、自分を信じて挑戦できるようになります。その子の人生にポジティブなサイクルができるのです。

繰り返しますが、子どもの「非認知能力」は、家庭でも高めることができます。いえ、子どもの根幹にかかわることだからこそ、家庭での過ごし方が重要なのです。親が少し意識を変えるだけで、子どもが本来持っている能力を引き出せるようになります。

そして「非認知能力」は、学力にも影響を及ぼします。いい大学に入ることが目的ではないとしても、結果として「非認知能力」を鍛えた子どもたちはトップクラスの大学に入っています。問題を解決して乗り越える力がついていくのです。

私が子育てを通して、またライフコーチをする間に気づいた、「非認知能力」を育てるためにとても大切な5つのことを、第2章から第6章まで、章ごとにお話しさせていただこうと思います。それは、2020年の教育改革後の子育てに極めて重要な知識となるはずですし、さらに、子育てをするママたち自身をも幸せにするものだと確信しています。

第1章のポイント

- 就学前の幼児教育によって、子どもたちの学力やIQが上昇することがわかった
- しかし、IQや学力など数値的認知能力への効果はとても短期的なものに過ぎない
- 就学前の幼児教育によって、大幅に、しかも長期的に改善されるのは、自制心や社会性、コミュニケーション能力、回復力、創造性などの「非認知能力」である
- 非認知能力が上がれば、学歴や年収、雇用などの面でも大きな影響を及ぼす
- 非認知能力がもっとも伸びるのは0～10歳頃の時期
- AIが多くの仕事をこなしていく時代に求められるのは、想像力と問題解決力

第2章

ルールをつくる

自立心と自制心を伸ばす枠組み

「ルールを決める」ことがなぜ重要か

前章で触れたように、我が家では子どもの「非認知能力」を伸ばすため、特に「家庭でのルールづくり」「対話」「遊び」の3つにフォーカスしていました。

子どもの「非認知能力」は日常生活やコミュニケーションなど日々のさまざまな行為によって育まれますが、その土台となるのが、まずは「ルールを守ること」なのです。

子どもの自己肯定感を高め、自信を持たせるために、自由に発想させたり、自由に意見を言わせたり、やりたいことをやらせることは大切です。

でも、それはなんでも子どもの思う通りにさせるということではありません。そのような無法地帯で育つのは、自分勝手で他者への思いやりに欠けた衝動的な子どもです。社会性や自制心、責任感を高めなければ、子どもはただのわがままで「迷惑な、出る杭」になってしまいます。ルールを理解して守ることができる社会性を身につけた「愛される、出る杭」になることが重要です。

子どもは常に、自分がどこまでやっていいのか、どこまで許されるのか、親を試しています。だからこそ明確な「限界」を設定することで、子どもは「ここまでならやってもいい」と思える安心感を得ることができるのです。

この「限界」を知らなければ、子どもはどこまでやっていいのかがわかりません。これをしたら怒られるのではないかと不安になったり、反対に親が何を言っても聞かなくなったりするなど、自分の取るべき道がわからなくなってしまいます。そんな不安な気持ちでは子どもは自信を得ることはできません。

ルールは人を縛るものであり、寛容さは人を解き放つものという見解があるかもしれませんが、実際には、ルールはある意味で人をより自由に解き放つものにもなり得るのです。

娘の学校でも、クラス全員が話し合い、ボーヴォワールの「ライフルール」に沿って自分たちのやるべきこと、やってはいけないことのルールを決めていました。自分はどんな人になりたいか、どんなことができたら嬉しいかをそれぞれ発表させ、そのためにクラスでどんなルールを決めたらいいのかを話し合うのです。

自分たちでルールを決めたことで、子どもは「自分たちで決めたこと」に責任感を感じるのでしょう。それを自分で、そして皆で守れたら自信も育つのです。そしてルールの中でのびのびと思いっきり自信を持って自由に行動できるのです。

子どもが3歳頃までは、自制心を司る前頭前皮質が発達していないために我慢することが難しいので、親は子どもがすべきことのお手本を示して、教えてあげる必要があるでしょう。

でも、4歳以降になると、きちんと説明すればルールを理解することができる子が増えてきます。我が家でも、子どもが幼稚園に入ってしばらくした頃にルールを決めました。

効果的な家族のルールのつくり方

ルールをつくって子どもに守らせるためには、ちょっとした工夫が必要です。

まず、**①たくさんのルールをつくりすぎないこと**。禁止されたり、叱られたりすることばかりでは、自己肯定感も低くなってしまうからです。何より、規則がたくさんあると、子どももうんざりして逆効果になってしまいます。

ですから、何から何までルールで縛るのではなく、家族にとって「本当に大切なこと」と「それほど大切ではないこと」を線引きするといいでしょう。我が家では、大切なことはしっかり守らせるようにしていましたが、それほど大切ではないと思うことは、叱らずに子どもの自主性に任せるようにしていました。

また、**②ルールの内容が年齢相応であること**も重要です。その子の年齢や理解力に適したルールを考えるようにしましょう。

もっとも大切なのは、③**ルールを決める話し合いに子どももも参加させること**です。親が一方的に決めたルールを子どもに押しつけるのではなく、親子で一緒に考えるのです。家族にとって大切なこととは何か、自分は家族のために何ができるのか。そのためには、お互いにどんな家族でいたいのかを考える必要があります。

子ども自身に「自分で決めた」という自覚があると、ルールを守ろうとする気持ちも自然に生まれてきます。４歳くらいになれば、こうした話にも参加できると思います。

また、「自分も家族の一員なのだ」という自覚も生まれます。自分は家族の一員であるという自覚を持ち、家族のために自分ができることをするという意識が高い子どもは、自己肯定感も高いという調査結果もあります。

我が家の３種類のルール

では、我が家でのルールのつくり方を説明しましょう。我が家では、「基本ルール」「Doルール」「Don'tルール」の３種のルールを決めていました。

我が家の基本ルール

基本ルールは、家族のあり方の基本になるルールで、いつ、どこにいても、また誰といても守るべき原則です。

まず私たちは「どんな家族でありたいか」を話し合い、そのために必要なルールを考えました。家族にとって本当に大切なことを以下の4つに絞り、基本のルールとしたのです。

・Polite（いつも礼儀正しくする）
・Honest（正直に生きる）
・Autonomy（主体性：自分でできることは自分でやる）
・Community（家族の責任ある一員として生きる）

あまりに多くすると、家族にとって本当に大切なことが何なのかわからなくなってしまいますので、3〜4つ程度にするのがいいでしょう。

これは、子どもがいくつになっても変わることのない、家族の原則です。

ぜひお子さんにも家族会議に参加させて、家族全員で考えてみてください。

Doルール

Doルールは、子どもの年齢に合わせて決める、「やるべきこと」のリストです。家族の基本ルールをもとにして、それを守るために何をすべきかを考えます。

このルールも、細かすぎたり、たくさんありすぎたりすると、子どもも嫌になってしまいます。子どもを監督する立場にある親ですら守ることが難しくなりますから、10を超えないようにするのがいいでしょう。

子どもの理解力に合わせ、子どもができることを親子で考えて決めることが大切です。

たとえば我が家では、娘が幼稚園生の頃には以下の４つのルールを決めました。

○必ず、朝の挨拶「おはよう」と夜の挨拶「おやすみなさい」を言うこと
○夕食は家族皆で一緒に食べる
○夕食の際、テーブルマットを置くお手伝いをする
○靴の紐は自分で結ぶ

挨拶は、生活の中のごくごく基本的な事柄です。どのご家庭でも普通にしていることでしょうが、きちんと相手の顔を見て挨拶しているでしょうか？　これをルールとして決めることで、「挨拶は大事なこと」という認識を子どもに持たせることができます。

娘が小学生になると、右記の4つにさらに3つが加わりました。

○食事の前に、家族全員のテーブルセッティングをする
○学校の準備は自分でする
○日曜日は家族全員の朝食をつくる

小学生になってから、日曜日の朝食づくりは娘の仕事になったのです。でも、まだ小学生ですからガスや火を使うのは危険です。そこで、娘には火を使わずに朝食をつくってもらうことにしました。サンドイッチやサラダ、果物のプレートなど、娘なりに工夫してつくってくれたものでした。こうしたことでも、子どもの想像力や行動計画を立てて実行し結果を出すという実行機能が育まれます。

娘が中学生の頃には、さらに以下のものが加わりました。

○バレエ用のトゥシューズは自分で縫う
○夜10時半以降は「ママ終業時間」。ママに用事があるときはその前までに言うこと

中学生になると、日曜日の朝食づくりでも火を使えるようになり、よりたくさんのレシピに挑戦できるようになりました。私はもともと料理があまり好きではないのですが、娘は大好きです。毎週日曜日、楽しみながら朝食をつくってくれました。

また、娘は小さな頃からバレエの準備を自分でしていました。トゥシューズを縫うのは面倒ですが、大好きなバレエのためなら苦にならなかったようです。

Don'tルール

Don'tルールは、Doルールの反対で「やってはいけないこと」です。

これは、Doルールよりも少なくする方が効果的です。やってはいけないことがたくさんあると、息が詰まってしまいますから。我が家では、どんなときにも絶対にやってはいけないこととして、以下の２つを決めました。

●怒鳴らない
●嘘をつかない

どちらも、家族の基本ルールの「いつも礼儀正しくする」と「正直に生きる」を守るために、そして家族のメンバーの尊厳を守るためにも非常に大切なことでした。

ルールをつくることの効果

子どもが小さなうちは、ルールは簡単なものにして、数も少なくするといいでしょう。ルールを決めて、「守ることができた」という自覚を持たせることが大切なのです。家庭でルールを決めて皆で守ることにより、以下のような効果が考えられます。

1　自信と達成感が得られる……子どもはルールを守ることによって、「自分はルールを守ることができた」と実感します。ルールを守るだけで毎日、自信と達成感を感じることができるのです。お得だと思いませんか？

達成感というと、とても大きなことを想像するかもしれませんが、私はその大きさよりも回数の方が重要だと思っています。毎日の達成感の積み重ねが、子どもの自己肯定感を育むのです。「親からやりなさいと言われたから、やった」では、達成感もなければ、子どもの自尊心も損なわれてしまいます。

2　子どもが小さな頃からはじめれば、良い習慣になる……子どもは幼ければ幼いほど、物事を自然に受け入れることができます。良いことは小さな頃から家族で一緒にはじめると、いつしか習慣となり、子どもにとって「当たり前のこと」になるのです。子どもが小さなうちに一緒に取り組むことが大事です。

そして、習慣は子どもが幼ければ幼いほど、その人の人生に定着します。たとえば子どもが反抗期になったとしても、挨拶する習慣は続くのです。

３　子どもの自主性が育つ……ルールは家族全員で決めて、家族全員で実行するものです。親からの一方的な押しつけやしつけではなく、家族の協同作業になりますから、子どもが自ら守ろうとする自主性や責任感が育ちやすくなります。

４　コミュニティの一員になる訓練ができる……子どもは成長するに従い、さまざまなコミュニティに参加していきます。小さな頃からコミュニティの最小単位である家庭のルールを守ることによって、コミュニティの一員となる訓練を積むことができます。

また、家族の協同作業であるため、家族に一体感が醸成され、子どもは自分が家族の一員であることをより自覚しやすくなります。

５　一度ルールを決めたら、親がいちいち迷わずに済む……親も人間ですから、そのときの気分によって寛容になることもあれば、不寛容になることもあります。

でも、親が毎回言うことやることを変えていたら、子どもは親に対して不信感を抱いてしまいます。家族でルールを決めておけば、そのときの気分で親の態度を変えなくて済むのです。ぶれない基本があるから、家族の問題はシンプルになります。

6 自制心を鍛えることができる……何かをやりたくないというときにも、家族の役割を果たすことで、子どもの自制心を鍛えることができます。家族と協力してルールを守っているのだという自覚が、子どもの我慢する心を育てるのです。

本当に大切なことと、どうでもいいことの区別をする

このように、ルールにはメリットがたくさんありますが、反対に面倒なこともあります。まず、ルールを徹底するために親自身も必ずルールを守らなくてはいけないということです。そして、一度決めたら揺るがないことです。親がころころと態度を変えていたら、ルールの意味はなくなってしまいます。

子どものやるべき仕事も、大人がやってしまった方が手っ取り早いように思えることもありますが、その気持ちを抑えて、粘り強く子どもを見守ることが大事です。

子どもにルールを守らせるコツは、前述したように、「守るべきこと」と「そうでもないこと」の区別をつけることです。

たとえば我が家では、家族の共同スペースを散らかしたら片付けるのが家族の一員としてのルールです。娘が散らかしたのに片付けないときには、きちんと叱りました。

一方、自分の部屋は各自で管理することとなっていたので、娘の部屋については何も言わず、娘に任せました。〝整理整頓クイーン〟というくらいきれい好きな私としては、娘の部屋を見て小言を言いたくなることもありましたが、そこは我慢のしどころです。私の目から乱雑に見えても、本人にとっては心地良い部屋なのかもしれません。

ですから、娘の部屋が台風の後のようになっていても、私も勝手に片付けたりしませんでした。共同のスペースまで娘の物が侵食してこなければ、それで良し、です。

それに、子どもの頃の自分を振り返ってみれば、私の部屋も娘のことを言えないくらい乱雑でした。でも今ではきちんと片付けられています。だから、それほど心配しすぎなくても大丈夫。子どもができないことを見ると親は不安にかられますが、今できないからといって大人になってもできないと決めつけることはありません。

宿題やゲームはどこまでさせるべき？

娘が系列の女子校に上がると、学校から宿題が出るようになりましたが、娘がギリギリまで手をつけなくても、親が「宿題をやりなさい」と言うことは一度もありませんでした。「自分のことは自分でやる」のが我が家のルール。宿題は自分ですべきことです。また期限を守るのも娘の責任です。そしていつどれだけやるかも、娘の裁量で決めること。もし期限に間に合わないことがあれば、そこからもっと適正なタイミングを自分で見つけていくでしょう。子どもに失敗させる勇気も、ルールがあれば難なく乗り越えることができます。知り合いには、子どもにいくら言っても宿題をやらないので手伝っている親もいました。子どもが大学生になっても、宿題を手伝う親はいるのです。でも、宿題をやらないで、翌日の学校で困るのは子ども自身です。きちんと自分で考えさせることも必要ではないでしょうか。ルールで決めていたため、自分のことは自分で責任を持ってやらなければいけないという自覚は、娘の中にしっかり根づいていたようです。

また、親御さん向けの講演やセミナーを行うと、時折、子どもにどれだけテレビやゲームを許したらいいのかという質問を受けることがあります。

私はテレビを見るのを禁止する必要はないと思っていたため、我が家ではテレビやゲームについて特に決めごとはせず、娘の意思に任せていました。ときには気分転換にリアリティーショーなど見ていたようですが、実際には、娘がテレビやゲームに夢中になることはほとんどありませんでした。

それは、娘がテレビやゲームよりも面白いもの、またそのときにやらないといけないことがあるということを知っていたからだと思います。親はテレビやゲームをやみくもに禁止するのではなく、世の中にはそれよりずっと面白いものがある、やらないといけないことはきちんとやったのか？　ということを子どもにわからせてあげる努力をする方が重要なのではないでしょうか。

ちなみに、脳研究者の池谷裕二氏によると、こんな研究結果もあるそうです。テレビゲームをしている子どもを２つのグループに分け、きつく叱って無理やりゲームをやめさせたグループと、優しく諭して自主的にやめさせたグループを比べてみると、前者の方がテレビゲームに対して強い魅力や興味を持ち続けたというのです。

こうした研究結果も、子どもに選ばせることの重要性を示しているのでしょう。

テレビやゲームをどのくらい許容するのかは各家庭で決めることですが、我が家ではそうしたことよりも、「家族の責任ある一員としてやるべきこと」を重視していたのです。やるべきことをきちんとやってそれでもまだ時間があって、その中でテレビを見たりゲームをするのは悪いことではないと思います。

家族の一員として尊敬し合い、大切にすることは、我が家でもっとも大事にされるべきことです。ですから、尊敬の念を欠くような言動をしたときにはきちんと叱りました。

「守るべきこと」と「どうでもいいこと」の区別をつけることは、お母さんやお父さんのイライラやストレスを軽減することにもつながります。

というのも、何でもかんでも厳しくチェックしなければいけないと思っていたら、親も気が張って大変ですよね。言わなければいけない大切なことはしっかり言うけれど、どうでもいいことについては言わなくてもいいと割り切れば、子どもに対してもう少しゆったりとした気持ちで接することができるのではないでしょうか。

ルールを守らない場合はどうするか

でも、子どもが大切なルールを守らない場合は、どうしたらいいのでしょうか。

日曜日の朝食づくりは、家族の一員としての娘の大事な仕事でしたが、娘も朝食づくりを億劫がることもありました。そんなときには私がやってしまった方が簡単だったと思いますが、自分の役割を果たさなければ皆が迷惑するということをわかってほしかったため、「お腹すいた！　ほら、お願いね！」と娘を起こしていました。

それでも子どもがやろうとしないときには叱るのではなく、まずはその理由をじっくり聞くようにしました。有無を言わさずにルールだからと押しつけるのではなく、子どもの気持ちを尊重し、自分の気持ちを説明する機会を与えるようにしていたのです。

理由を聞いたら、子どもが話すことをまずは「話はわかった」と受け入れます。そして、その理由が正当な場合は特例として見逃します。特例のないルールはありませんから。

でも、それは本当に稀有なケースで、年に数回程度です。少し風邪気味だとか、寝不足といった程度の理由なら、「簡単なものでいいから」と言って促します。

一番多かったのが「やりたくない」という言葉でした。でも、それは理由にはなりません。だから、「どうしてやりたくないのか」を聞いた上で、なぜ家族の一人ひとりに役割があるのかを思い起こさせるような話をしました。

たとえば、父親の役割が働いて家族のためにお金を得ることだとすれば、こんなふうに子どもに問いかけてみます。

「もしも、パパがやりたくないからって会社を辞めちゃったら、家族はどうなるかな？」

「お金がなくなっちゃう」子どもは不安そうな顔で答えるでしょう。

「そうだね。そうすると、あなたの生活はどうなると思う？　ご飯を食べられるかな？」

「ご飯が食べられない！」

「そうだね。今まで通り学校には行けるかな？」

「行けない！　お友だちともお別れしなきゃ」子どもなりにいろいろ考えます。

そこで再び「じゃあ、パパもやりたくないからってお仕事をやめてもいい？」と問いかけると、子どもはちゃんと答えるでしょう。「だめ！　自分のお仕事はやらなくちゃ」

「やりなさい！」と無理やり押しつけるのではなく、「それは自分の仕事で、責任がある」という結論に自分でたどり着けるよう、親が丁寧に対話することが大事です。

私の友人で、やはり家族のルールを決めていた家庭がありました。その家庭でも「礼儀正しくする」がルールの一つでしたが、その家の息子さんが小学生のとき、学校の掃除をしてくれるおばさんに「おはよう」の挨拶をしなかったことがあったそうです。

その場にいた友人は、息子さんに丁寧に話をしてルールを思い出させました。すると、息子さんは掃除のおばさんのところに戻って、きちんと「おはようございます」と挨拶ができたのです。このように、ルールはどんなときも守ることで定着していきます。コツは守らせるのではなく、自主的に守るように導くことです。

ルールは家族の揉め事を減らし、問題をシンプルにする

また、我が家では「嘘をつかない」というルールも根づいていたため、お互いに間違ったことをしたら素直に話すのが普通のことになっていました。

たとえば、娘は宿題を忘れたときもそのことを正直に話していましたし、私の方でも娘が話したことに対しては、怒ったり批判したりせず、ただ黙って聞いていました。宿題を忘れたことを叱るより、子どもが正直に話せる環境をつくる方が重要だからです。

子どもに嘘をつかれたら、親は子どものことが理解できなくなってしまいます。子どもが嘘をつかなければいけないと思うような環境にしないことが大事です。宿題を忘れた後どうしたのか？　ちゃんとやって提出したのか？　そんなことも話せば、お子さんの非認知能力を伸ばす良い機会にもなります。

さらに、子どもが小さな頃はルールを忘れてしまうこともあります。そんなときは、やっていいこととといけないことを、その都度、丁寧に言ってあげることが必要です。

こうしたことを繰り返していくうち、我が家では揉める回数が減っていきました。何か問題があったら家族のルールに立ち返り、穏やかに話し合えばいいのです。すると、次第に叱らなくて済むようになります。家族で喧嘩することがなくなり、問題がシンプルにな

るのもルールの良い点です。

我が家のルールの究極の目的は、「家族の皆が幸せになること」です。毎日、皆が幸せな気分で過ごせるように家族のルールをつくったことを常に忘れないようにしていました。誰かが途中でやめてしまったら、それが崩れてしまいます。親がきちんと伝える努力をすれば、4歳以上なら、たいていはそうしたことが理解できるはずです。

子どもの持ち物のルール

基本ルールやDoルールのほかにも、我が家ではいくつかの決めごとがありました。

たとえば、子どもの持ち物や買い物についてです。「皆が持っているから、私も欲しい」と言われれば親も少し心が動きますが、我が家では、何かを買ってあげるかどうかは他の家との比較ではなく、予算や我が家の方針と必要性に照らし合わせて決めていました。

高価ではあるけれど、携帯電話を買ったのは、他の家よりも早かったかもしれません。というのも、バレエで舞台に立つことの多い娘は帰りが夜遅くなることも頻繁で、常に親と連絡が取れる状態にしておかないといけなかったためです。

反対に、「皆が持っている」高価な時計などは「別に必要なし」と判断して、私のお下がりをあげたり、低価格の代替品を探したりしました。

そのときは娘を店に一緒に連れていき、予算内で娘に決めさせました。

お友だちが持っているものすべてを買ってあげなくても、恥でも何でもありません。家計に余裕がないときや、値段的に我が家の方針と合わないときは、はっきり娘にそう伝えていました。

そのときもただ「お金がない」と言うのではなく、「パパとママが一生懸命働いて得たお金を、どう使うのがいいか」という話し合いをしていました。子どもはどんなに小さくても、大人の話を理解する力を持っています。きちんと家族で話し合えば納得します。

また、どんなときにも欲しいものは1回目で買わないことで、衝動買いを我慢させるようにしていました。買うか買わないかをまず考えさせ、買うときにも一番良い方法で買う道を探すことで、やみくもに買いたいという衝動を抑えていたのです。これは我慢する心を育てるために大変有効です。

小さな頃からそうした環境をつくっておくことが大切です。「欲しいものは何でも買ってもらう」のが当たり前の環境で育つと、「やってもらって当たり前」というメンタリティが形成され、感謝の心が育たないからです。これでは「非認知能力」も育ちません。

「子どもと一緒の時間に仕事は持ち込まない」が親のルール

親の私たちにも、子どもが安心して過ごせる環境にするためのルールがありました。子どもと一緒の時間には、仕事は持ち込まないというルールです。

子どもと一緒の時間は長いようでいて、実は意外と少ないもの。それを心ここにあらずの状態で過ごしてしまってはもったいないですし、何より親と一緒にいるのを楽しみにしている子どもにとっては失望でしかありません。

たとえ働くことが必然であっても、選択であっても、それは親の決めたこと。そこに子どもの意思は介在しません。子どもにとっては、仕事の問題で頭と心がいっぱいになっていることも、疲れているのも、親の都合でしかないのです。

だから我が家では、夜10時半の「ママ終業時間」までは決して「仕事で忙しいからダメ」とか「疲れているからダメ」は言いませんでした。

夫は仕事で一日中出ていることが多かったので、10時半以降の親要員として協力してくれました。そして夫も、「仕事で疲れている」は言わないというルールを守ったのです。

子どもが自立できる環境をつくるのも親の役目

いつも子どもの近くで「何か危険なことがないか」、「間違いがないか」と心配して見張っている……そんな親御さんもいますよね。

そんな親のことを英語では「ヘリコプター・ペアレンツ」と言いますが、現実問題として、常に子どもに張りついて押さえつけておくことは不可能です。

それよりも、ルールを子どもに決めさせて守らせる方が、親もずっと楽になるのではないでしょうか。子どもを管理して押さえつけようとすると、親にはネガティブな労力がかかりますが、子どもが自分でルールを守るようになれば、親の側にも精神的な余裕ができるのです。

いったんルールを守ることが定着してしまえば、子どもは成長すればするほど、手がかからなくなります。思春期という反抗期は台風のごとく大変だと聞きますが、我が家の思春期台風は台風でも穏やかな台風だったと思います。

また、子どもに必要以上に干渉する親の元では自立できない子どもも増えています。大学卒業後も就職できず、親に養われている若者も増えていますが、そうした家庭では、子どもが小さな頃から何でもやってあげていたという親が少なくありません。

親は、いつまでも自立できない我が子に不甲斐ない思いを抱いていても、子どもが困るたびについ助け船を出してしまいます。親の方も子どもに手をかけることが当たり前になっているので、いざというときに子どもを毅然とはねつけることができないのです。

そうならないためにも、ぜひ、お子さんが小さな頃からルールをつくってみませんか。

反抗期になってから、いきなり「家族のルール」なんて言われても、子どもは相手にしないでしょう。「ルールがあるのが当たり前。ルールを守るのが当たり前」という状況を、幼児期からつくっておくのが理想的だということです。

「重子特製ワークシート」を次のページに載せていますので実践してみてくださいね。


家庭でも実践してみよう!

ワークシート 我が家のルールづくり

●基本ルール：子どもと話しながらルールを決めるのが良いでしょう。我が家では互いに尊敬の念を持っていないと家族が仲良くなれないということや、嘘をついていたらお互いのことがわからないといった話をしながら、家族にとって大事な4つの基本ルールを決めました。「どんな家族だったらいい？」を家族でお互いに話し合ってみましょう。

●DoルールとDon'tルール：基本ルールを決めたら、次はそれを守るために各自がどんなことをしたらいいか、反対にどんなことをしてはいけないかを皆で話し合います。

子どもに「何ができるようになりたいか？」を聞くのもいいでしょう。我が家では幼稚園の頃、自分でできることは自分でやれるといいね、ということで娘に聞いたら、娘が「靴の紐を自分で結べるようになりたい」と言うので、目標の一つとしてDoルールに加えました。

また、たとえば子どもがお友だちをもっと増やしたいと言うなら、そのためにはどうしたらいいかを丁寧に話し合います。

「お友だちを増やしたいなら、どうしたらいいと思う？」、「挨拶はした方がいい？　しなくてもいい？」、「意地悪するお友だちのことはどう思う？」、「大きな声を出したら、皆はどう思うかな？」、「お友だちに嘘をつかれたら、どんな気持ちがする？」。

親は、会話をリードしながら話を進めますが、ルールを決めるのは親ではありません。子どもです。あまり難しいものにせず、その年齢でできそうなことを選びましょう。

我が家のルール（例）

家族の目標 (家族のあり方にとって大切なこと)*お子さん主導で決めます

- 優しくする
- 家族仲良くする
- 兄弟姉妹仲良くする
- 正直に
- お互いを尊敬する
- 心身とも健康であること
- 助け合う
- 役に立つ人になる
- いつも笑顔 等

DO ルール (目標達成のためにすること)

- 朝と夜の挨拶を必ずする
- 夕飯はいつも一緒に食べる
- テーブルマナーを守る
- 靴紐は自分で結ぶ
- 学校の準備は自分でする
- 食事の用意を手伝う
- ありがとう、お願いしますを言う
- 毎日一回家族で顔を合わせる
- 週末は家族で過ごす
- 部屋に入るときはノックする
- おもちゃは交代で使う
- 決められたお手伝いをする
- お稽古の準備や練習をする
- 学校から帰ったら宿題をする
- 自分のお皿を洗う
- 自分の部屋の整理整頓
- おもちゃは自分で片付ける
- お小遣いは自分で管理する
- 共用スペースを汚したら片づける
- ボランティアをする
- ありがとうノートを書く 等

DON'T ルール (しないこと)

- 兄弟ケンカをしない
- 叩かない
- 無駄使いしない
- 家の中で大声を出さない
- 嘘はつかない
- 駄々をこねない
- ママの自分時間を邪魔しない
- 人の物を勝手に使わない
- 決められた時間以上ゲームをしない
- みんなのスペースは汚さない
- 校則は破らない
- 学校・家でもいじめはしない
- 夜更かししない
- 暴飲暴食はしない
- 親をバカにする事は言わない
- 子どもを傷つける事は言わない
- 悪口は言わない
- 部屋に鍵はかけない
- 宿題の前には遊ばない
- 乱暴な言葉は使わない
- テレビを観ながら宿題しない 等

ルールを破ったとき (ルールを破ってしまったときにすること)

*子どもが自らこの行動を取れるように、ここも子どもと一緒に考えながらみんなで決めます

- タイムアウト(自室で反省)
- 一日好きなおもちゃを諦める
- テレビやゲーム等を一日禁止
- 就寝時間を早くする
- 間違いを認めてやり直す
- スマホを一日没収 等

我が家のルール

家族の目標

1
2
3
4

DO ルール

1
2
3
4
5
6
7

DON'T ルール

1
2
3
4
5
6
7

ルールを破ったとき

1
2
3
4

第2章のポイント

- 子どもに明確な「限界」を提示することで、「ここまでならやってもいい」と思える安心感を与えることができる
- たくさんのルールをつくりすぎないこと
- 年齢相応のルールをつくること
- ルールを決める話し合いに、子どもも参加させること
- 家族でルールをつくり、自分で守らせることによって、自己肯定感や達成感、自制心、自主性などの非認知能力が育まれる
- 家族にとって本当に大切なことと、どうでもいいことを区別する
- 子どもがルールを守らない場合はじっくり話を聞き、親子で丁寧に対話する
- ルールを守ることが定着すれば、子どもは成長すればするほど手がかからなくなる

第3章

対話する

親子の対話がコミュニケーション能力を伸ばす

1 脳の成長をうながす親子の対話

コミュニケーションが苦手な日本人

「あなたは、自分にコミュニケーション能力があると思いますか？」

日本の男女500人にこうしたアンケートを行ったところ、自分にコミュニケーション力があると思うと答えたのは27・6％。反対にコミュニケーションが苦手と感じている人は72・4％もいました（2014年4月、マイナビニュースによるインターネット調査）。

「自分の気持ちを伝えるのが下手」「人前でうまく話せない」「人と打ち解けられない」「人間関係で苦しんでいる」……アンケートでは、こうした声も多数あがっています。

欧米人に比べ、日本人がコミュニケーション下手であることはよく指摘されていますが、昨今では、日本の教育現場でもこうした力を育むことが重視されるようになりました。

確かに、学校での教育も大事でしょう。たとえばアメリカでは、幼稚園から大学まで、話し方やプレゼンテーションの授業がある学校も少なくありません。幼稚園や小学校ではよく「Show&tell」というプレゼンテーションをさせます。

これは、自分の好きなものやお気に入りのものを持参して、クラスメートの前でそれがどんなものか、自分にとってどれだけ大事なものかを発表するという時間です。自分が発表するだけでなく、他の生徒の発表の後で質疑応答をさせたりして、子どもたちに表現する力、対話する力などを学ばせているのです。

一方、日本の国語の授業では、長い間「読み書き」のみが重視され、人前で自分の意見を発表することは重んじられてきませんでした。それなのに大学生や社会人になってから突然プレゼンテーションをしろと言われても、きちんと教わったことがないのですからできなくて当たり前。ですから、学校でコミュニケーション能力を磨くことには大賛成です。

でも、コミュニケーションや表現の基本は、家庭生活でも培われるものです。人と適切なコミュニケーションをとるためには表現するためのスキルも大切ですが、その土台として自己肯定感や適切な自信は欠かせません。

その基礎をつくるのが、家庭での言葉かけなのです。

普段、あなたはお子さんとどのくらい会話しているでしょうか？　一緒の時間を過ごしていても、親子でじっくり話をすることは意外に少ないかもしれません。

会話の中身も大切です。あなたの言葉は単なる指示出しの道具になっていませんか？

親子の対話が子どもの将来を左右する？

「保護者が話す言葉はおそらく子どもにとって、もっとも価値あるもの」。そう語るのはシカゴ大学のダナ・サスキンド教授です。彼女は小児人工内耳外科医として聴覚障害を持つ子どもに人工内耳を移植し、彼らの人生を変えることに大きな意義を感じていました。

でも、しばらく経つうち、相手が幼い子どもの場合には、人工内耳を移植しただけでは彼らの人生が変わるわけではないことを痛感するようになりました。脳の発達がほぼ完了する3歳までに言葉を聞かずに育った子どもは、言葉の習得が遅いだけでなく、生涯にわたって他者とコミュニケーションをうまくとれないことが多いというのです。

そこでサスキンド教授が注目したのが、「3000万語の格差」の研究でした。1990年代に社会学者のベティ・ハートとトッド・リズリーによって行われたこの研究は、「幼児期に聞く言葉の数が、将来の学力の差を生む」という衝撃的なものでした。

ハートとリズリーは、異なる社会経済レベルにある42の家族の子どもとその親を、生後9か月から3歳まで調査しました。

その結果、子どもが3歳までに聞く言葉の「量」に圧倒的な差が出たというのです。社会経済レベルの高い家庭では、子どもが３歳になるまでに平均４５００万語の言葉を聞くのに対し、生活保護を受けている貧困家庭では、平均１３００万語の言葉しか聞きませんでした。貧困家庭と社会経済レベルの高い家庭では約３０００万語の差があったのです。

また、３歳時点での子どもの語彙数を調べてみると、高い社会経済レベルの家庭の子どもが平均１１１６語話すのに対して、貧困家庭の子どもは平均５２５語しか話しませんでした。３歳時点と、その後のＩＱテストの点数にも、大きな差が出ていました。

さらに、その後に行われた調査によると、３歳までに聞いていた言葉の量が、９歳時点の言語レベルや学校のテストの点数と相関していたそうです。

このハートとリズリーの研究結果を受けて、サスキンド教授は、言葉を使って子どもの脳の発達を促すための研究をはじめました。

それは、親の経済格差が子どもの学力の差になってはいけないという危機感からでした。でも実際のところ、この研究の大事なポイントは親の収入レベルではありません。収入の高い家庭でも、親が効果的な声かけをしていない家庭もあったのです。

それよりも、「言葉の発達が子どもの脳の発達をうながす」ということを何となくでも知っていた親たちは、子どもが小さくてまだ言葉を理解していないだろうという時期から頻繁に話しかけ、声をかけながら一緒に遊び、毎日のように本を読み聞かせていました。

子どもが何か良くないことをしたときにも、大声で叱りつけるのではなく、それはやってはいけないことだと丁寧に教えるように努力していました。

大切なことは、収入の差ではなく、親の意識と努力の差だったのです。

貧困や病気など、たくさんの問題を抱えている家庭では、まだ言葉を話せないような子どもにわざわざ話しかける労力や時間をかけられなかったのかもしれません。

しかし、子どもに話しかけるのにお金はいりません。とにかく「親が子どもに声をかける行為」が大切だということが、こうした研究から明らかになったのです。

健常者と聴覚障害者がともに学ぶリバー・スクール

こうした対話の重要性を実感し、実際の教育に生かしている教育者がいます。

ナンシー・メロンさんは、2000年にアメリカで初めて聴覚障害を持つ子どもと健常者を一緒に学ばせる学校をワシントンDCにつくった女性です。

ナンシーさんの3人の子のうち、一人の男の子は生まれつき耳が聞こえませんでした。

その子は2歳で人工内耳手術を受けましたが、前述の話のように人工内耳をつけたからといってすんなり話せるようになるわけではありません。人工内耳の手術後も、生涯にわたってコミュニケーション能力が低く、年齢相応の学力に達しない人も多いのです。

一般的に、聴覚障害を持つ子どもの保護者や教師は、相手はどうせ聞こえないのだからと話しかけるのをやめ、指で示すようになるといいますが、彼女が息子を入学させた聴覚障害の子どもを育てる学校もそうだったようです。

でも、相手が耳の聞こえない子どもだからといって一切話しかけなければ、その子は一生、言葉のない世界で暮らすことになります。

そこで、彼女は息子を健常者の学校に通わせることにしました。同時にスピーチセラピストも雇い、息子に繰り返し話しかけてもらいました。自分たち夫婦でも、息子に対してさまざまなアプローチを試してみたそうです。

耳が聞こえずに言葉を遅れて学びはじめた子どもは、健常者の子どもが1回の話で理解するところを、60回も聞かなければ理解できないといいます。しかし、丁寧に繰り返しているうちに、少しずつ理解できるようになっていきます。

ナンシーさんは、この「言葉を繰り返すことの重要性」に興味を持ったそうです。

その結果、息子さんは手術から3年後、年齢相応に話せるようになったのです。

こうした経験からナンシーさんは、子どもの言葉の発達は大人との対話によるものが大きいと実感するようになりました。大人が十分に子どもに話しかけなければ言葉の発達が遅れるだけでなく、その後の学力も伸び悩むことになるかもしれないのです。そしてそうした教育は聴覚障害のある子どもだけではなく健常者にも非常に役立つと思ったそうです。

そこで彼女は健常者と聴覚障害の子どもが一緒に学べる学校をつくることにしたのです。それが、全米初の健常者と聴覚障害者がともに学ぶリバー・スクールでした。

言葉にフォーカスした教育

リバー・スクールでは、生徒一人ひとりに個別の机は置いていません。大きなテーブルを囲んでクラス全員で座り、お互いに顔を見て話し合いながら授業を進めます。そこで行われるのは、「言葉にフォーカスした教育」です。

たとえば1歳児のクラスでは「いもむし」、2歳児では「乗り物」、3歳児では「熱帯雨林」などテーマを決めて、それに関する本を読んだり、話をしながら遊びます。

紙で葉っぱや木や食べ物をつくり、絵本の『はらぺこあおむし』と同じ世界観を教室の中に完成させて、いもむしが食べ物を食べる様子を体験してみることもあります。こんなふうに遊びながら同じ単語を何度も繰り返し聞くことで、語彙を増やしていくのです。

私がこのリバー・スクールを見学したとき、とても驚いたことがあります。2歳児のクラスで、「stethoscope」（聴診器）や「conservationist」（自然保護主義者）という言葉を聞いたのです。こんな難しい言葉は大人でも知っているとは限りません！

また、リバー・スクールでは、子どもだけでなく、親向けのレッスンも行っています。「親と子の相互セラピー」では、親が子どもに命令形やネガティブなことを言わないように、話し方を訓練します。どんなふうに子どもと対話したら、子どもの言葉の能力が発達するのか、親にコミュニケーションの仕方を教えるのです。子どもの脳の発達を促すためには、指さしや命令をするのではなく、家庭でも頻繁に声をかけることが重要だからです。

リバー・スクールでは、こうした教育によって、聴覚障害を持っていて遅いスタートだった子どもも健常者と同じように話せるようになり、学力も年齢相応どころか、年齢以上のレベルになることもあります。

また、最初は英語を話せなかった外国人の子どもも、この学校で1年間学べば、ほとんどの子が流暢に英語を話せるようになるとナンシーさんは話していました。

子どもの「なぜ？」は考える力を引き出す絶好のチャンス

では、家庭での声かけや対話は、どのように行えばいいのでしょうか？

年齢的な段階を追って、ご紹介していきます。

まず、3歳頃までの小さな子どもの場合は、考える力が足りないのではなく言葉を知らないために話せないということもあります。そのため、この時期には親が子どもを質問攻めにして困らせるよりも、保護者が丁寧に教えてあげる方が良いでしょう。

「これは車だね」「赤い色をしているね」「タイヤは何個ついているかな。1、2、3、4。全部で4つだね」「タイヤは丸いね」という具合に、子どもに丁寧に話をしていきます。これによって、子どもは自信を失うことなく、知っている単語の数を増やしていくのです。それを繰り返すことで、語彙が増え言葉の能力が発達していきます。

さらに大きくなってくると、子どもはたくさんの質問を繰り出すようになる時期があります。「どうしてお空は青いの？」「犬はどうしてワンワンって言うの？」……森羅万象の難問から身近な疑問まで、「どうして？」を繰り返すのが幼児期の特徴です。

あまりに質問されると、うんざりしてしまう親御さんもいるかもしれませんが、この素晴らしい好奇心の芽生えを見逃してはいけません。これは、子どもの考える力を引き出す絶好のチャンスなのです。子どもの問いにすぐに答えを出したり、無視するのではなく、「どうしてだと思う？」と親が問い返すことで、子どもに考える癖をつけさせましょう。

そして子どもの回答が間違っていたとしても、すぐに否定するのではなく、その子が自分で考えたことを認め、なぜそう思ったかなどを詳しく聞いてみましょう。

これによって、子どもには考える力や発想する力がついていきます。

さらに、子どもが自分で考えたことを褒め、彼ららしい豊かな発想に反応することで、子どもには「親に認めてもらった」という自信もつきます。子どもには答えを知りたい気持ちもあるかもしれませんが、親の気を引きたくて質問している側面もあります。それを面倒だと無視していれば、子どもは話をしようとはしなくなるでしょう。

また、親が正解を教えるだけでは、子どもは正解以外の豊かな発想をしなくなってしまうかもしれません。

親が常に「子どもには、正しい答えを教えてあげなければいけない」と思っているなら、この種の質問は非常に面倒に感じるかもしれませんが、これを子どもとの対話のチャンスと捉えるなら、非常に有意義な時間になることでしょう。

「どうしてだろうね？　〇〇はどう思う？」と子どもに問い返してみると、たいていその子なりに考えて、さまざまな回答を導き出してくれるものです。中には、大人には思いもつかない斬新な発想や自由な発想などが出てきて、子どもの想像力に驚かされることもあるでしょう。私にとっても、娘とのこうしたやり取りはとても愉快な時間でした。

テレビやパソコンでは言葉を覚えない

ワシントン大学の学習脳科学研究所所長のパトリシア・クール博士の研究によると、7歳までの赤ちゃんや幼児は「天才的に」言語を習得する能力を持っているそうです（その後、その能力は少しずつ落ちていきます）。たくさんの外国語の中から母国語を聞き分ける力も持っています。ただし、子どもは言葉をテレビやパソコンからは学ばないようです。

クール博士は、アメリカ人の9か月の赤ちゃんを3つのグループに分けて中国語を聞かせる実験をしました。

1つのグループでは、中国語を話す実験者がまるで親戚のおばさんのように赤ちゃんと一緒に遊びながら、中国語で話しかけました。2つ目のグループでは、同じ中国語をテレビから聞かせました。3つ目のグループでは、録音だけで中国語を聞かせました。

12回ほどこれを繰り返した後で調べてみると、生身の人間から中国語を聞いていた赤ちゃんには学習効果が見られ、中国語をしっかり聞き分けることができました。でも、テレビを観ていた赤ちゃんや音だけを聞いていた赤ちゃんは何も覚えていませんでした。

赤ちゃんが言葉を覚えるためには、テレビやビデオやパソコンから流れる録音音声ではなく、生身の人間が必要だということです。人は状況に応じて柔軟に対応する人間同士の対話を通じて、言葉を学んでいくからです。リバー・スクールの校長、ナンシー・メロンさんも強調していましたが、自分が声を出した後に瞬時に言葉が返ってくること、つまり会話が重要なのです。

昨今、言語能力を伸ばすというコンピューターの学習教材や言語レッスンが人気ですが、それより人と対面して行う言語レッスンの方が効果的だということです。お金をかけずともちょっとした労力が違いを生むのです。

子どもが変わる、何気ない親子の会話

我が家では、子どもがもう少し大きくなってきたら、イエス・ノーでは答えられないオープンエンドな質問をするようにしていました。

「学校でどんなことがあったの？」「今日はどんな1日だった？」……重要なのは、たったこれだけの親の言葉です。でもそこには、「私はあなたのことを思っているよ」という気づかいと愛が溢れています。何気ない質問が子どもに「自分は愛されている、必要とされている」という確信を持たせ、自信と自己肯定感につながっていくのです。

我が家では、「今日のテレビを観て、どう思った？」とか、「楽しかったことはどんなこ

と?」など、食事のときはもちろん、移動中や買い物中にもたくさん会話をするようにしていました。子どもと一緒にいられる時間は限られていますから、どんな機会も逃さずにこまめに対話するようにしていたのです。

また、こうした質問に「わからない」と答えるのはやめようと家族で決めていました。以前、私のセミナーに来てくださったお母さんから、こんなメッセージをいただいたことがあります。「毎日、娘の顔を見て挨拶し、『今日はどうだった?』と聞くようになったら、子どもの顔つきが変わったんです」。そう、たったこれだけのことで、絶大な効果があるのです。思春期になれば親が無視されることもあるかもしれませんが、この声かけはやめないことです。子どもが答えても答えなくても、親は子どものことを思っているということを、1日1回は必ず伝えるのです。親に愛されていると実感することは、子どもの自信と自己肯定感につながります。

子どもが学校などに通うようになると、親にはわからないことも増えてきます。子どもは親を心配させたくないし、悪く思われたくないために、親に言わないこともあります。いいえ、むしろ言わないことの方が多いかもしれません。

そんなとき我が家では子ども任せにして放っておくことも、反対に何から何まで聞き出そうとすることもしませんでした。「親はちゃんと見ているよ」「あなたに関心を持っている」ということを子どもにそれとなく感じさせ、安心させることが大事だと思ったのです。

たとえば、娘の学校ではときどき子どもたちのつくった絵や工作を廊下に貼り出すことがありましたから、そういう機会にはなるべく時間を見つけて行くようにしていました。

そして、後で感想を言うと、娘はとても嬉しそうな顔をしたものでした。子どもにとって、親が自分に関心を持っている、自分は親から愛されていると実感することほど、自信につながるものはないのです。

質問で答えを導く手伝いをする

イエス・ノーで答えられない質問には、秘められた魔法の力があります。

私は現在、ライフコーチの資格を持ってコーチングをしていますが、質問はコーチングの基本中の基本です。コーチはクライアントにアドバイスをするのではなく、質問を重ねてクライアント自身が答えを見つけるよう導きます。自分で決めるからこそ実践しようと思いますし、効果も高くなります。自分自身で答えを出すことが大事なのです。

子育ても同じです。子どもが自分で考え、答えを見つける癖をつけることが大切です。そうすることで自然と問題解決能力が身についていきます。

ご家庭で質問をするときには、ぜひ以下の質問をするように心がけてみてください。問題があったときや子どもが迷っているときにも、これらの質問は効果があります。

●どんな方法があると思う？

●自分だったら、どうすると思う？

そして子どもから答えが返ってきたら、まず「なるほどね」と認めます。次に、「どうしてそう思うの？」と理由を聞いて対話を広げていきます。たとえば、こんな感じです。

【質問を使った対話の例　1】

親：今日の幼稚園はどうだった？
子：今日、○○ちゃんに意地悪されたの。
親：どんなことをされたの？
子：おもちゃを貸してくれなかったの。
親：へえ、どうしてだと思う？
子：もっと遊びたかったから。
親：そうか。もっと遊びたいと思ったとき、あなただったらどうすると思う？
子：「一緒に遊ぼう」って言うと思う。でもやっぱり貸すのは嫌かも……。

親：でも貸してあげなかったら、その子もやっぱり意地悪されたと思うかもよ。嫌だなと思ったら、どうすればいいと思う？
子：「ちょっと待ってね」って言う。
親：それいいね。ちょっと待ったら貸してもらえるものね。あとはどんな方法がある？
子：半分こにする？
親：そのおもちゃは半分にできるおもちゃなの？
子：できない。
親：だったらそれは無理かもね。ほかにどんな方法があるかな？
子：順番に遊ぶ。
親：あ、それもいいね。もし今度こんなことがあったら、あなたならどうする？
子：「順番に遊ぼ」って言うと思う。

【質問を使った対話の例　２】

親：水泳教室に行く時間だよ。
子：行きたくない。
親：どうして行きたくないの？

子：嫌だから。
親：どうして？
子：お水が冷たくてプールに入りたくないから。
親：なるほど、確かにお水は冷たいよね。だけど、やるって決めたのはあなただよね。どうすればいいと思う？
子：行かなければいい。
親：だけど、それでは家族のルールを守ってないよ。ママだって今日疲れているから、ご飯をつくらないって言ったらどうする？　お腹が空いちゃうよね。だからママもやりたくないときでも家族のルールをちゃんと守るんだよ。だからあなたも守ろうね。行きたくないけど、行かないとダメなときはどうすればいいと思う？
子：わかんない。
親：あ、「わかんない」は言わないのがルールだよ。ちゃんと考えようね。
子：だって楽しくないんだもの。
親：でも、本当にやめるときまではちゃんとやるのがルールだよ。じゃあ、どうやったら楽しくなるか考えようよ。どうすればいいかな？
子：お花のついた水着を着る。終わった後にアイスクリーム食べる。お友達と遊んでから一緒に行く。終わった後にお友だちと一緒に遊ぶ。

親：うわー、いっぱい考えたね！　どれが一番いいと思う？

親は辛抱強く質問を重ねながら、子どもが答えを見つけられるよう導く手伝いをすることが大事です。常に「こうしなさい」と教えていると、自分で答えを見つける力を育てることができません。子どもが答えを見つけられるようにサポートしてあげましょう。

語彙力を伸ばす読み聞かせ

子どもに話しかけるのと同じように、子どもに本を読み聞かせるのも大切です。

アメリカ小児科学会も、保護者は子どもの生後すぐの段階から本を読み聞かせるべきという勧告を出しています。ある研究によれば、読み聞かせをしていた子どもは幼稚園入園時に、そうでない子どもよりも語彙が豊かで算数のスキルも高い傾向にあるそうです。

我が家にも本が溢れていますが、歩いて2分のところにあった図書館も最大限に利用していました。日本の図書館でもたいてい読み聞かせイベントなどが頻繁に行われていますから、そうしたものに参加して、子どもの本への興味を高めるのもいいでしょう。

読み聞かせの際も、楽しみながらすることが大事です。前に触れたように、聴覚障害者と健常者がともに学ぶリバー・スクールではテーマを決めて言葉の理解を深めていましたが、我が家でもそれを見習い、毎月テーマを決め、それに沿った本を読んでいました。たとえば、今月のテーマを「ひまわり」と決めたら、それに関する本を集中的に読んであげることで、娘はひまわりと、ひまわりにまつわるさまざまな単語――土や栄養、環境、日光など――を学んでいきました。一つのテーマを繰り返し読み聞かせることで、子どもの語彙数も増えていきます。また、本の内容についても、「どう思った?」「なぜこうなったと思う?」などとよく話し合いました。

親の語彙の豊かさが子どもの学力に影響する

親が話しかける言葉は、「量」だけでなく「質」も大切です。

前述した「3000万語の格差」研究では、親の子どもに対する言葉の「量」が言葉の発達や学力を伸ばすことがわかりましたが、言葉の「量」だけでなく言葉の「質」、つまり語彙の豊かさも、子どもの言葉や学力に影響を及ぼすことがわかりました。

子どもが聞いている言葉の「種類」が少ない場合にも、3歳時点で言葉の発達が遅くなる傾向があるというのです。

たとえば、親同士や家族のメンバー同士でたくさん話している家庭では、子どもの語彙も豊かになり、子どもの言葉の能力が高くなるという研究結果があります。

私がそのことを知ったのは娘が4歳のときでしたが、それを知って怖くなりました。というのも、私は娘に対して主に日本語で話していたのですが、家族で話をする際には英語です。ただし私にとって母国語ではない英語の場合、やはり私の語彙は少なくなります。難しい言葉やアカデミックな言葉などで、私にはわからないものもたくさんありました。

ひょっとしたら、自分の語彙の少なさや文法の間違いが娘の言語能力を低くしてしまうのではないか。そう心配になったのです。

そこで私は必死になって新聞や本を読み、自分の語彙力を鍛えるようにしました。

また私は夫に、私のために家族の会話のレベルを落とさないでほしいと伝えました。

そしてわからない言葉があったら、その都度、辞書を引くようにしたのです。その際は娘も一緒に辞書を引きました。私が頻繁に辞書を引くのを真似するようになったのです。夫に言葉の意味を説明してもらうこともありました。

こうしていちいち調べた言葉は、私の記憶にも娘の記憶にも残りました。

我が家では「この言葉って、どういう意味？」と娘に聞かれるたびに、子ども用の辞書を一緒に引くようにしていました。また、私の方からもときどき「この言葉はどんな意味か知っている？」と聞き、娘の語彙を増やすようにしていました。

子どもがすぐ手に取れる場所や本棚に子ども用の辞書などを置いておけば、わからない言葉もすぐに調べられます。また、今は辞書でなくても、それこそスマートフォンでも調べられるのだから、それほど難しいことではありませんよね。

たとえ面倒でも言葉の意味をいちいち調べることが大切です。子どもは親の背中を見て育ちますから、親がこまめにやって見せ、一緒にやってみることが大事だと思います。

2 自己肯定感を高める対話の仕方

否定的な親の言葉かけは子どもの能力を抑える

親のかける言葉の内容も大事です。

前述したハートとリズリーの研究では、親が子どもに話しかける言葉が多いほど子どものＩＱテストの点数も高くなることがわかりました。ですが、それには例外もありました。

それは、親による命令や禁止の言葉です。「ダメ！」、「やめなさい！」などの否定的な言葉が、子どもの言葉を習得する能力を低く抑えていることがわかったのです。

否定の言葉に効果がないという事実は、実際に子どもと接していて実感することです。たとえば「部屋を片付けなければテレビを観てはいけない」とか「寝る前にトイレに行かないとダメ」など、意識せずに口に出すような言葉にも否定的な言葉が入っています。

しかし、こうした言葉かけでは子どもはあまり言うことを聞かないどころか、子どもの自己肯定感を下げ、自発的にやろうとする気持ちをなくしてしまうのです。

こうしたときは、否定の言葉ではなく、肯定的な言葉をかける方が効果的です。「オモチャを片付けたらテレビを観よう」とか「トイレに行ってから寝ようね」というように。

それでも、子どもがなかなかやろうとしない場合は、親が一緒にやろうと声をかけてもいいのです。子どもは自然と親の真似をしようとしますから、親が穏やかに、辛抱強く言い続けるうち、自発的にやるようになってきます。

有名なイソップ童話「北風と太陽」から親が学ぶべきことはたくさんあります。ビュービュー風を吹きかけてコートを飛ばそうとすれば、人はますますコートにしがみつき、暖かい太陽がさんさんと照らせば自然とコートを脱ぐ。子育てにも同じことがいえます。

子どもが言うことを聞かなければ、親はつい怒鳴ったり、脅したりしてしまいますが、それでは子どもの反抗心を煽るだけで、まったく効果はありません。それどころか、まったく聞く耳持たずの子どもになるかもしれないのです。

親に怒鳴られて育った子どもは、ティーンエイジャーになる頃には、さらに親の言うことを聞かなくなるという調査結果もあります。それは、子どもが親の怒鳴り声を「嫌なこと」と認識して、心に入り込ませない方法を学ぶからだそうです。「右耳から入ったことを左耳から聞き流す」という、心を守るテクニックを身につけるのです。

ですから、親はどんなにイライラしても、怒鳴ったり、感情のおもむくままに叱ったりするのは逆効果です。これでは北風と一緒です。

むしろ親は、「どんなにイライラしても怒鳴らないという手本」を見せる必要があります。子どもは親を見て育ちますから、親が徹底すれば子どもも同じようになるのです。


さらに、子どもに怒鳴り散らすことや、罵る、侮蔑するなどの「言葉による暴力」を行うと、子どもは言うことを聞かなくなるばかりか、問題行動に走ったり、うつ傾向になったりすることがあるという研究結果もあります。

米・ピッツバーグ大学とミシガン大学の研究チームは、ティーンエイジャーの子を持つ976世帯の家庭を2年間聞き取り調査し、子どもを怒鳴りつける行為と子どもの問題行動との相関関係を調べ、ジャーナル誌『Child Development』に発表しました。

その結果わかったのは、子どもが親から怒鳴りつけるしつけを継続的に受けた場合、うつ病の症状を示す確率が増加したということでした。さらに、怒りや攻撃性が強くなり、破壊行為や違法行為などに及ぶ問題行動も多く見られたのです。

研究を行ったピッツバーグ大の教育心理学部のワン・ミンテ准教授は「厳しい言葉で子どもに規律を守らせるのは、あらゆる状況において有害であるようだ」と語っています。

小さい頃の子育ては面倒で、本当に手間がかかります。でも、これは通過点です。今、手をかければ、後で必ず楽になりますが、大きくなってから軌道修正するのは大変です。

成長期の子どもに何より必要なのは、子ども自身を尊重することです。子どもの話をよく聞き、問題が起きたら、子どもと一緒にどうしたらいいかを話し合うことです。

もちろん、親には辛抱強さが求められます。でも長い目で見れば、その方がずっと効果があるのです。もし怒鳴りたくなったら、思い出しましょう。「私が怒鳴ったら、この子も怒鳴る子どもになってしまう。それでは10代になったときに始末に負えなくなる！」と。

また、その子にはどうしようもないことを責めるのもやめた方がいいでしょう。たとえば運動が苦手な子に、「どうしてもっと速く走れないの！」などと言っても無意味であるばかりか、その子の自己肯定感を低くするだけです。

子どもの食事の好き嫌いを直そうとする親もいますが、にんじんが嫌いな子どもに「食べ終わるまで座っていなさい！」と縛りつけても、その子がにんじんを好きになる可能性はほとんどありません。にんじんを食べなくても、代わりになるものを見つければ栄養の偏りを心配する必要はないでしょう。むしろ楽しいはずの食事が、子どもにとって辛いものになってしまう方が心配です。

子どもが成長すれば、多様な味覚を受け入れることができるようになる場合もあります。「一口だけ、食べてみようか」とか、「お友だちと一緒に食べてみようか」などと提案するくらいで、親はもっと鷹揚に構えていてもいいのではないでしょうか。

効果的な褒め方――子どもの能力よりも、努力を褒める

子どもを褒めて育てることは大切ですが、スタンフォード大学の心理学の教授キャロル・S・ドゥエック博士らの20年にわたる研究によると、やみくもに褒めたらいいというわけでもなさそうです。子どもをどのように褒めればいいのでしょうか？

ドゥエック博士の研究では、10代の子どもたちに10問のIQテストを解かせて、2種類の方法で彼らを褒めました。

１つ目のグループでは、「○点も取ったの、あなたは頭がいいね！」というように、子どもたちの「能力」や「結果」を褒めました。２つ目のグループでは、子どもたちの「努力」や「プロセス」を褒めました。「○点も取ったの、よく頑張ったね！」というように。

すると、「能力」を褒められた１つ目のグループの子どもたちは、次のテストで２つの問題を選択する際に、より難しい問題を避けようとする傾向にありました。

反対に、「努力」を褒められた子どもたちは、より難しい問題を選ぶ傾向にありました。

さらに、その後にもっと難しい問題を与えたとき、「能力」を褒められた子どもたちは、自分のことを頭が悪く、才能がないと考える傾向があったというのです。

どちらのグループも、最初の問題では簡単に正解を出すことができましたが、問題が難しくなっていくうち、生まれつき持っている能力を褒められた子どもはそれを楽しむことができなくなりました。一方、自分のした努力を褒められた子どもたちは、問題が難しくなっても、楽しみながら挑戦していくことができたのです。

もともと持っている能力や資質を褒められると、難しい問題に挑戦して失敗することが怖くなり、挑戦しようとするモチベーションをなくしてしまいます。反対に自分のした努力を褒められると挑戦すること自体が楽しくなり、ますます成長していけるのです。

こうした結果から、以下のことがわかります。

子どもが生まれつき持つ能力や資質、そして結果を褒めるより、そこに至ったプロセスや努力を褒める方が、子どものやる気を引き出せるということです。

これは、私にも経験があります。子どもの頃、テストで100点を取ったときに「頭がいい」と褒められると、ひどく落ち着かない気分になりました。そして100点を取れなかったときには、その能力を証明できないために、自分の存在価値が薄まってしまったような気がしたのです。次第にテストで良い点が取れないことを恐れるようになりました。

結果的に、私はあまり勉強をしないことでこうした問題を回避しようとしました。つまり、「私には能力はあるけれど勉強していないだけ。やる気を出せばできる」という「言い訳」を自分に用意したのです。そして、勉強への意欲はどんどん下がっていきました。

こうした経験から、もともとの能力は評価の対象にしてはいけないという結果には納得です。そのため、私はいつも娘の努力を気にかけて褒めるようにしていました。

また、私は娘を褒めるときにも、どこが良かったのかを具体的に褒めるようにしていました。そして、「良かったこと」のほかにもう一つ、改善の余地のありそうなことも伝えるようにしていました。

ただやみくもに褒めていれば、子どもも褒められることに慣れてしまいます。それより、親がしっかり自分のことを見ていてくれたと感じれば、次の成長につながると思うのです。次はもっと良くなるように頑張ろうと子どもに思わせることが大事です。

3 論理的な対話で子どもの自制心を高める

論理的理由を話すことで、子どもの自制心を伸ばす

「お母さん、これやって！」「お母さん、一緒に遊んで！」「お母さん、早くこっちに来てよ！」……子どもと接していると、子どもはしょっちゅう親に要求してきます。

どんなに我慢強いお母さんであっても、忙しいときに子どもにこのように言われると、イライラしてしまうこともありますよね。

そんなときは、怒ったり、怒鳴りつけたり、無視するのではなく、「今、お掃除しているから、少し待っててね。ママがお掃除しないと埃でまたくしゃみが出ちゃうからね」と理由を論理的に説明してあげると、子どもは納得することができます。

３歳頃までの乳幼児は別として、それ以降の時期は子どもの要求に対して、論理的理由

つきの「ちょっと待って」で自制心を伸ばすことができるのです。

何かの行動について、「だめ」と禁止しなければならないときにも、子どもにきちんとその理由を説明すると、相互理解につながります。

単に「階段で遊んではいけない」だけではなく、なぜ階段で遊ぶことがいけないかを丁寧に説明するのです。「階段から落ちたら痛い思いをするかもしれない。もしかしたら、身体が動かなくなってしまうかもしれない。そうなったらママは悲しいよ」と。

丁寧に理由を話すことで、子どもはその行動に伴う危険を認識できるようになります。親が自分を愛していることも理解するでしょう。そうした認識や理解が子どもの自制心につながっていくのです。

大人だって理由も説明されず、頭ごなしに「だめ」と言われれば腹も立ちますし、自分の存在を大切には思えなくなりますよね。当然、自己肯定感は下がります。

相手が小さな子どもの場合は、一度言っただけで理解するとは限りません。親が丁寧にこうした対話を繰り返すうちに、子どもも理解できるようになるのです。このように、「それをすると、論理的にはこうなる可能性がある」という因果関係を伝えるロジカル・シークエンス（論理的順序）を取り入れて話すことは、どんな相手でも効果的です。

単に「静かにしなさい」ではなく、「お店で騒いだら、他のお客さんにぶつかって怪我をさせるかもしれない。自分も怪我をするかもしれない。他のお客さんがうるさいと思うかもしれない」と伝え、自分の行動が他者に与える論理的な影響についても想像させます。
これは、問題解決の際に情報を集め分析し状況を見極め、論理的に起こり得る結果を想定し、最適な結論を導くための論理的思考法、クリティカル・シンキング（論理的思考）につながります。小さな頃からこうした思考法を身につければ、成長後も役に立ちます。

また、子どもを叱るときは、人前で叱ることは避けた方がいいでしょう。たとえその子が悪くても、人前で叱られることほど自尊心が傷つけられることはありませんから。恥ずかしくて、ますます意固地になってしまうかもしれません。そんなとき、私は必ず娘と2人だけになれるところに移動し、1対1で穏やかに叱るようにしました。この叱るときの対話は子どもの非認知能力を育む上で思っている以上に大切なことです。

自制心をはかるマシュマロ実験

クリティカル・シンキングは、自分の行動を客観的に観察してコントロールすること、つまり自制心を伸ばすことにつながります。親は、普段から子どもの自制心を高めるよう、衝動的ではなく、論理的に子どもに接することが大事です。

こうした子どもの自制心を調べるものに、「マシュマロ実験」という有名なテストがあります。スタンフォード大学の心理学者ウォルター・ミシェル教授によって１９６０年代に行われたこの実験は、４歳時点での子どもの自制心を調べたテストです。

実験する大人は、子どもの前に子どもの好きなもの（マシュマロやキャンディなど）を一つ用意して、こう言います。「私が部屋に戻ってくるまで、これを食べるのを我慢できたら、もう一つあげるよ」。そして大人は部屋を出ていき、15分後に戻ってきます。

この実験を行った１８６人のうち、約3分の1の子どもは15分間、我慢をして２つ目のマシュマロをもらうことができましたが、残りの３分の２の子どもは我慢できずに、目の前のマシュマロを食べてしまいました。

そして、我慢できた3分の1の子どもを追跡調査したところ、ＳＡＴ（大学進学適性試験）の点数が高く、学業面で著しく優秀であるばかりか、肥満指数が低いなど自身の健康管理にも優れていたというのです。

大人の話を理解して目の前のお菓子を我慢できるかどうかは、衝動的な行動をコントロールできるかどうかにつながっています。自分の中の怒りや衝動を自制できるかということです。こうしたものも、生まれつき備わった力というよりは、幼い時期から長い時間をかけて備わっていくものです。

普段からの親の丁寧な言葉かけが、子どもの自己制御の能力を伸ばしていくのです。

「マインドフルネス」で自制心を高める

前述のリバー・スクールでの自制心の高め方も参考になるでしょう。

ここでは、世界的に注目されている「マインドフルネス」を教育に取り入れています。たとえば、お友だちと喧嘩をしてカッと頭に血がのぼりそうになったら、子どもにヨガをさせるのです。子どもたちは、怒りを感じそうになったら先生に正直に話してその場を離れ、いつも開放されているヨガのスペースでポーズを取ることを教えられています。

各自で落ち着くポーズは違いますが、お気に入りのポーズをとって呼吸を繰り返すうち、落ち着いてくるそうです。これを、なんと2歳半から実践させているのです。感情が高ぶっても気持ちを落ち着ければ自制できる。そんな論理的な対話が先生と幼児の間で行われているのです。

「マインドフルネス」とは、「今、ここで起こっていることに集中する心の状態」をつくり出すこと。たとえば瞑想やヨガをすることによって、冷静で静かなマインドフルネスの状態に入りやすくなり、心を穏やかにすることができます。お子さんがマインドフルネスの状態に入りやすくなる状況をつくってあげることは自制心を伸ばすためにとても効果的です。それは大好きなお絵描きかもしれません。アメリカの親は「Time out」といって子どもを静かな部屋に連れていくことを実践している家庭が多いです。

さらにリバー・スクールでは、「フィーリングボード」というものを使って、気持ちを的確に表現する方法をとっていました。2歳児なら、「ハッピー／怒っている／悲しい」の3つの文字と絵が描かれているボードを使い、感じている気持ちを言葉にするのです。自分の感情を観察することで、自分を客観的に分析することができるようになります。これも自制心を育むためには大切な訓練です。だって自分が怒っていると気がつかなかったらその気持ちを自制しようとも思えませんものね。そして、どうしてそんな感情を抱いているのか論理的に分析します。そうしているうちに論理的な対処法が見つかります。

我が家でもその方法を見習いました。まずは私がこれをはじめたのですが、慣れないアメリカ生活でストレスが溜まっていたときに、怒りを感じているのか、失望しているのか、悩んでいるのか、など自分の気持ちを的確に表現し、夫や娘にも効果的に自分の気持ちを伝えることができるようになりました。そして解決策も。癇癪を起こしたり怒ったりする前に自分の気持ちをコントロールできるようになったおかげで、私の幸福度も家族の幸福度も上がったと思います。フィーリングボードも非常に論理的な対話の方法なのです。

だから毎朝、娘にも「今日のご機嫌はどんな感じかな？」と聞くだけでなく、娘が何か怒りを感じているようなときには叱ったりせずに、「今、あなたの心の中でどんなことが起きているのか、ママに教えてくれないかな？」などと優しく聞くようにしたのです。

娘が3歳くらいの頃は、「ハッピー／怒っている／悲しい」の3つから選ばせていましたが、この選択肢は、「ワクワクしている／怒っている／イライラしている／不機嫌／落ち着いている」などのように、歳を追うごとに微妙な感情表現を増やしていきます。

心理学では、自分の知覚や感情、思考などの認知活動を客観的に観察してコントロールすることを「メタ認知」と呼びますが、こうした作業を繰り返し行うと、自分を冷静に観察して受け入れることができるようになります。

そして、親も子も、その感情を「いい」とか「悪い」と判断するのではなく、そのまま受け入れることが大事です。受け入れるというのは、その子が今、感じている感情や思いを価値判断せずに、ありのままに見るということ。怒りは悪い感情というわけではありません。時には必要な感情ですし、自分の一部です。でも自制心がないとダメな感情に変わってしまう。

こうしたことを繰り返していくうちに、感情に振り回されることなく、自制心を発揮して論理的に落ち着いて対処できるようになるのです。

親の思い込みを子どもに押しつけない

子どもの自己肯定感や主体性を育てるためには、親が子どもに無理やり何かをさせようとしたり、操ろうとしたり、変えようとしてはいけません。そのような感情的な対話は子どもを傷つけてしまいます。

親はまず、子どもに対して命令と指示をやめることです。親が一方的に「～しなさい」「言った通りにやればいい」と言うのをやめ、子どもの意見を聞くことです。

私は娘に対してどんなときにも「あなたならどうする？」、「どうしてそう思うの？」などと問いかけ、話をさせるようにしていました。そうしているうちに子どもは感情的な判断から離れ質問に対する答えを考えながら徐々に論理的な結論を導いていきます。また子どもは大人から意見を求められると、それだけで自分の存在意義を感じます。自分の思いを表現することで自信もつきますし、自分の意見に耳を傾けてくれる人がいるということで自己肯定感につながります。

講演で出会ったあるお母さんからは、子どもの話をじっと聞くようにしたら「ママ大好き！」と言われるようになり、子どもとの関係性が良くなった、というメッセージをいただきました。自分の意見は大人が聞くに値するものなのだと思うだけで、子どもの自己肯定感は高まるのです。

正直に告白してしまえば、これは非常に面倒なことです。親がこうすべきだと思うことを命令してでもやらせる方が、ある意味では楽かもしれません し、効率的でしょう。特に時間のないときには、言うことに素直に従う子の方が、親は助かります。

でも、これからの時代は自分の頭で考えられる子どもを育てなければいけないと思うのです。親の言うことを聞かせるだけでは、自分の考えを持たない人間、指示待ち人間、もしかしたらロボットやＡＩに代替される人間になってしまうかもしれません。

誰かに「こうしなさい」と言われても、それが違うと思うなら、「それより、もっといい方法を考えたから、僕はこうする」と意見を言う。そして、どんな方法でも最後までやり遂げる。私はそんな子どもを育てたいと思ったのです。

そのため我が家では、前述のように、子どもがすべきことをやらないときも、「やりなさい」と一方的に叱るのではなく、「なぜやらないのか」をじっくり聞いていました。親から見たら、その考えが間違っていても、頭ごなしに否定することはせず、「どうすれば良くなるか」を互いに話し合い、娘なりの方法で納得してやり遂げさせるようにしていました。またやらない理由が論理的な場合はそれを認めたのです。親がどんなときも正しいとは限りませんから。

何かをやめさせたいときも、「やめなさい」と言うのではなく、対話でうながすようにしました。それをしたらどうなるのか、しなければどうなるのかを論理的に話し合うのです。時間はかかりますが、自分の頭で考えて行動する習慣をつけるためには避けて通れない道です。また「好き」「嫌い」「やりたい」「やりたくない」という感情ですべてを決めてしまう子どもに育てるのではなく、論理的に物事を考えられる子に育てるには、親との論理的対話が不可欠です。子どもにとっては自分の頭で考えて自分にとって最適最大の結果を求めて行動する習慣がつきますし、親にとっても、子どもの考えに感情的に反応するのではなく、しっかり話を聞く習慣がつくようになります。

また、第2章でも紹介した通り、親が絶対に引けない部分は事前にルールで決めておけば、それほど揉めることもないでしょう。

小さな子どもだって、きちんと考えれば、何もやらなければ自分が困るという論理は理解します。最初の3週間ほどは面倒かもしれませんが、そのうち、「やりなさい」と親がいちいち言わなくても、自分で考えて行動する癖が子どもについていきます。この3週間とはコーチングでいうところの、良い癖がつきはじめるために必要な最低期間です。

4 自己表現できる子どもを育てる

親子の信頼関係が人前で話す自信をつける

自分の意見や考えを人前で話せるようになるためには、まず「表現できる」という自信があることが大きな土台になります。それは家庭でこそ、できることです。

表現する自信をつけるためには、親が子どもの話をさえぎったり、無視したり、正しいか正しくないかを判断したり、親の意見を押しつけたりしないことが大事です。子どもの意見によく耳を傾けることから、彼らの自信は生まれます。

子どもに「何を言っても大丈夫」と感じさせることです。なぜなら、プレゼンテーションやスピーチの際に、正しいことを言わなくてはいけないとか、すごいことを言わなくてはいけないと思い込むと、かえって緊張してしまい、自由に表現できなくなるからです。どんな意見もバカにされずに真剣に聞いてもらえるという信頼関係があるから、安心して表現することができるのです。表現する自信を育む上で、これは大切なことです。

家庭でできるスピーチや自己紹介の練習

また、「自分の考えや意見を言うことは何も特別なことではなく、普通のことで、しかも必要なことなのだ」と、普段から子どもに伝えておくことも必要でしょう。小さな頃からある程度まとまった話をする練習をさせておくことで、人前で話をする基本を身につけることができます。家庭でも実践してみましょう。

たとえば、食事の際に、「今日一日あった出来事」とか「今日一番楽しかったこと」など、テーマを決めて子どもに話してもらうのです。いつ、どこで何があり、それに対してどう思ったかなど、より具体的な事柄を話すことを教えます。最初の頃は、子どももうまく話せないかもしれませんが、親が質問をしながら、話の続きを促すようにします。

もし子どもが乗り気でなければ、親の方から話してみましょう。親の前で話せるようになれば、子どもも人前で話すことに慣れてきます。

また、年齢が上がってくれば、自己紹介をする場面も出てきます。自己紹介を数パターン考えさせておくのも良いでしょう。自分はどんなことが好きか、どんなことが得意か、など、いろいろなパターンの自己紹介の例を考えさせて親の前で練習させるのです。

この際も、より具体的な内容を入れると効果的。たとえば、「サッカーが好き」だけでは印象に残りにくいので、「僕はサッカーが大好きで、毎週日曜日は地域のサッカーチームでプレイしています。ポジションはフォワードで、もっとシュートがうまくなりたいと思って練習しているところ」など、「好きなこと」や「得意なこと」、「頑張りたいと思っていること」などを具体的に盛り込んで話を膨らませると、より伝わりやすくなります。

親がそうしたことをサポートしながら徐々に慣らしていけば、人前で何かを話すことに苦手意識もなくなってくるはずです。普段やっていることだから慣れていますものね。

小さな頃から、いろいろな人と触れ合わせる

親が子どもにさまざまな人と会わせることも大切です。我が家では、夫も私も仕事をしていたため、娘が小さな頃から大人ばかりの場所にも連れていきましたが、そうした中で

も、基本的な挨拶やマナーなど、娘はいろいろなことを学んだと思います。

特に私はアートの仕事をしていたため、クライアントやアーティストなど、人種や経済的な階層もさまざまな人に会うことがしばしばありました。お金持ちもいれば、明日のごはんや家賃にも困るようなアーティストもいて、そのうちの幾人かには我が家に泊まらせて制作の場を提供することもありましたが、そんな多様なバックグラウンドを持つ人との触れ合いや対話は、娘にも大きな影響を与えたと思うのです。子ども同士の遊びも必要ですが、大人と話す機会も子どもを大きく成長させる良いチャンスになります。


ところで、日本人は他者と協力して問題を解決する協働力に優れているといいます。

２０１５年に行われた経済協力開発機構（ＯＥＣＤ）のＰＩＳＡ（学習到達度調査）のうち、「協同問題解決能力調査」で日本はＯＥＣＤ加盟国32カ国中で1位でした。謙虚で協調性に優れ、礼儀正しい日本人の、和を重視する国民性が反映された結果なのでしょう。

人間は一人では生きていけないし、一人の力でできることには限界があります。正解のない複雑な世界では、ともに協力し合って問題にあたる力は必須のものです。

ただ、日本は今までほぼ単一民族できたため、多くを言わなくてもわかり合える社会でした。ほぼ似たような環境で育った人が多いために共感力も非常に高いのでしょう。

でも、これからは、今よりたくさんの外国人を受け入れる可能性があります。

今後、海外からたくさんの人が入ってきたとき、日本人はどれだけ協働力や共感力を発揮できるでしょうか。それが、これからの日本の大きな試練になると思うのです。

自分と違う環境で育った人、自分と違う価値観を持つ人と、一つの目的に向かって力を合わせることができたとき、より高い目標が達成できるのではないでしょうか。

そのためには、普段からさまざまなバックグラウンドを持つ人々と交流することが大切です。親の考えは子どもに大きな影響を与えますから、親が差別感情で誰かのことを決めつけたりすれば、子どももその考えを受け継ぐでしょう。反対に、親が多様な人々を受け入れる姿を見せることは、子どもがより広い世界に羽ばたく土台をつくるのです。

ただ、中には恥ずかしがり屋さんの子どももいます。見ず知らずの人に対しては、どうしても防衛本能が働いて身構えてしまうこともあるでしょう。

そういうときには、親がこれから会う人のことを説明してあげるといいと思うのです。

「丁寧な説明」はどんなときにも大切です。大人だって、いきなり知らない人と会うのは緊張しますが、事前に説明を受けていれば、少しは心の準備ができますよね。

それに、子どもが多少恥ずかしがっていても、挨拶や受け答えなど、相手の目を見て必要最低限のことが言えれば大丈夫でしょう。

もしかしたら子どもの内向的な性格を直したいと思う親御さんもいるかもしれませんが、私はその必要はないと思っています。アメリカでは外向型の人間が重視されるイメージがありますが、実は今、内向的な人の秘めた力が注目されていることをご存じでしょうか？

アメリカでベストセラーになった『Ｑｕｉｅｔ　内向型人間の時代』（スーザン・ケイン著）では、マイクロソフトのビル・ゲイツ氏やバラク・オバマ前大統領、著名投資家のウォーレン・バフェット氏、相対性理論で有名なアルベルト・アインシュタイン博士、インド独立の父、マハトマ・ガンジーなどの名をあげながら、物静かで思索的な内向型の人たちを取り上げ、彼らの内に秘めたパワーが世の中を変えていると指摘しています。

私自身、このように本を書くことや一日中家にいてぼーっと思索することが大好きで、連日の社交関連のパーティに長居するのは苦手であるなど、内向的な一面を持っています（と言うと、多くの方に驚かれますが）。

これまで多くの親子を見てきましたが、内向的な面を持つ子どもには、我慢強さや集中力などの長所を持つ子どもも少なくありません。

我が子に不足していると思う部分を直そうとするのではなく、長所を伸ばしてあげる方が大切です。こうしたことは第５章でも詳しく述べたいと思います。

否定的な表現は避ける

対話をしていると子どもの意見が明らかに間違っている場合もあるでしょう。そんなときも、「それは間違い！」とか「ダメだなあ、わかってないな」などという批判ではなく、「あなたの言っていることはわかった」と、まずは発言したことを認めます。「どうしてそう思うのか」と思考の過程を聞き、自分で考えたことを認めた後で、別の方法を探すお手伝いをするのです。「それも一つのやり方だと思うけど、別の方法はどれくらいあるかな？」というように。こうして自分で正解にたどり着くように導くことで子どもの適切な自信を高めます。適切な自信があれば、自分を表現することができますし、自分の意見や考えを否定されても傷つくのではなく、きちんと聞くことができるようになります。

時折、議論などをした際に自分の意見が否定されると、自分自身が否定されたような感覚を持つ人がいますが、自分や他人が持つ考えや意見はあくまで一つの考えや意見に過ぎないのです。反対の考えや意見を持つ人がいるのも当たり前ですよね。

たとえ自分の意見が否定されたとしても、自分自身が否定されたわけではない。そう思えるためにも、日頃から対話を通じて適切な自信を育てることが必要です。

前述のリサーチでもありましたが、子どもが悪いことをした場合には、「なんてダメな子なの！」とか「悪い子だ」などと子どもの人格を否定したり、批判したり、といった人格否定的表現はやめましょう。

その子のやったこと、純粋な「行為」だけを指摘するのです。親から常に人格を否定されて育った子どもは、適切な自信を持つことが難しくなるからです。そのためにも親はどんなに腹が立っても子どもに対して人格否定的な表現はしないことです。

こうした丁寧なやり取りを繰り返しているうち、子どもはすぐに怒ったり、人の話を遮ったりしなくなるでしょう。自制心や柔軟性、共感力や社会性も身につくはずです。

親は万能ではないし、まちがうこともある

前述のように、対話の基本は互いの信頼関係を築くことです。これがなければ子どもは安心して親の前で自分を表現することはできません。そうなると人前で表現する力も自信もなかなか育ちません。

そのためには、私は自分がまちがったことをしたときには、娘にも素直に謝るようにしていました。そしてそのまちがいは二度としないと誓っていました。

親が自分の威厳や体裁を気にして、子どもには謝らないという話を聞くことがあります。でも、まちがったことをしたときに謝らない親を、子どもは尊敬できるでしょうか。子どもも幼いながらに親をよく見ていますから、おかしいことはおかしいとわかります。親が普段言っていることとやっていることが違えば、矛盾を感じてしまうでしょう。そんなときは格好悪い親でいいと思っています。

親が自分のまちがいを認めなければ、子どもも同じように育つでしょう。つまり、まちがったことをしても、自分のまちがいを認めて謝ることができない人間に育つということです。それはまちがいを認めてやり直す自信がないということです。このような状態では、非認知能力は低いままです。

親はまた、万能でもありません。できないことはできないと認めることも大事です。そしてそれは自分をありのままに認め、自己肯定感があるからこそできることです。そんな自信は子どもに必ず伝染します。

我が家では、物理的あるいは金銭的に無理な場合は、子どもに「なぜ、できないのか」を嘘や見栄えのいい話に置き換えずにきちんと正直に説明をするようにしていました。そして一方通行で「無理」「ダメ」で話を終わらせるのではなく、代替案がないか、子どもと一緒に考えるようにしていたのです。

たとえば、娘はきょうだいを欲しがった時期がありました。

当時、周りにはきょうだいのいるお友だちが多かったので娘も欲しかったのでしょう。

そのときも、私はなるべく丁寧に、娘に説明しました。

「ママも、もう一人子どもがいたら楽しいと思うよ。でも、ママはあなたともいっぱい一緒に遊びたいし、お仕事もあるから、もう一人子どもがいたら、きっとあなたと一緒に過ごす時間も、お仕事の時間も減ってしまって、あんまり上手にできないと思うんだ。でも、きょうだいじゃなければ、たとえばお友だちをもっと増やすとか、そういうことだったら、いっぱい協力できるよ。どう思う？」

すると、娘は即座に答えました。

「じゃあ、犬が欲しい！」。私は一瞬、言葉に詰まってしまいました。実は、私は小さな頃に犬に噛まれたことがあって、犬がとても怖かったのです。

でも、きょうだいは無理でも、犬は何とかできるかもしれません。それで私は、自分が犬に噛まれた経験から犬が苦手であることを娘に伝えた後で、こう言いました。

「ママは犬がすごく怖いけど、慣れるように頑張ってみるから、時間をちょうだい」

そして、お友だちの家にいる犬に触ってみたり、一緒に遊んでみたりして、犬への恐怖心を少しずつ減らすよう努力していったのです。

ようやく我が家に犬がやってくるまでに、約1年間かかりました。娘と夫はもちろん、私もその頃には犬が大好きになっていて、大歓迎で迎えることができました。今となっては、あのとき犬を飼って本当に良かったと思います。今では私は立派な愛犬家で、犬は家族の大切な一員となっています。

子どもの要求をすべて呑むのではなく、親にも限界があることを知らせるのは、子どもの共感力を伸ばすために悪いことではないはずです。人生の中で、自分が思った通りの完璧な状況が与えられることなど、そうあることではないのですから。

そして一つの案が無理な場合は、代替案を一緒に考えてみることも大事です。それは子どもの柔軟な対応力や想像力を伸ばすことにつながります。

また、それに向かって親がベストを尽くす姿を見せるのも大切だと思います。人間にはそれぞれできることとできないことがありますが、やり方を変えれば、できないこともできるようになる場合があります。それを家族で共有するのも大切な教えだと思うのです。

我が家を動かした娘の辛抱強い交渉

自分の思いを論理的に自信を持って表現できるということは優れた交渉術にもつながります。私は娘から論理的交渉術を学んだと言っても過言ではありません。

例えば娘が4、5歳の頃から子ども同士のお泊まり会がたびたびあったのですが、当時の私にとって、それはとても苦手なイベントでした。娘が友だちの家に泊まるのはいいのですが、うちにお友だちを呼ぶのが嫌だったのです。

〝あの家のママは日本人だから、アメリカ人の家とは違う〟と言われるのではないかと思っていたからです。実際にはそんなことはなかったのですが、当時の私は自信を持てなかったため、なんだか怖くて我が家に人を招待できなかったのです。

でも、そのときの娘は、とても辛抱強く、感情的に「無理」と答えを出していた私を説得しようとしました。

せっかくお友だちがお泊まりに呼んでくれたのに、うちがお泊まりに呼ばなかったら、そのうち誰にも呼んでもらえなくなっちゃうよ、と。そして、娘にとってお泊まり会がいかに楽しく、子どもにとって大事なイベントであるかについても……。

確かに娘の言い分は正しいものでした。呼ばれたら呼び返すのが礼儀です。この論理的意見には親として譲歩する必要がありました。相手が正しいときに私の感情だけで「ノー」と言うのは、責任ある家族の一員となるという家族のルールに反していると思ったのです。それにそんな自信のなさは娘に伝染するとも考えました。私は、できる範囲でお泊まり会をすることを約束しました。1か月に1回以内、お母さん同士がよく知っているお友だちに限って、1回につき2人までね、と。

きちんと理由を説明したことで娘も納得し、私の妥協案を呑みました。論理的思考と適正な自信に裏打ちされた自己表現力は、高い交渉術にもつながるのです。

小さい頃から対話の機会を逃さない

親が子どもの意見にきちんと耳を傾けるようにすれば、子どもは安心して自分の考えを口に出せるようになります。子どもには自分で考える力が身につきますし、親に自分の意見を認めてもらったことで大きな自信を持ちます。お互いの信頼感も強くなります。また親も格好いいことも悪いことも正直に自分の思いを表現すれば、子どもはますます自分を表現することに安心感を抱きます。

我が家では、どんなことでも自分の気持ちを説明するようにしていました。なぜそう考えるか。それについてどう思うか。お互いの考えがすべてわかるかどうかはわからないけれど、なるべく理解したいと思う。対話を通じて、こうした歩み寄りをするのです。こうして高いコミュニケーション力に欠かせない共感力が育ちます。

考えようによっては、これもまた面倒なことですが、子どもの考える力と非認知能力を伸ばすためには必要な作業です。考える力も強い心もすぐには伸びません。時間のかかる毎日の積み重ねです。

重要なことは、これはいつでも、どの家庭でも、できるということです。お金も一切かかりません。誰でもいつでもできることだからこそ、小さなうちから対話の機会を逃さないことが大切です。それも感情的ではなく論理的であればあるほど効果があります。

親が「こうしなさい」と子どもを上から押さえつけていては、お互いに気持ちはわからないままで、子どもの考える力も伸びていきません。また親は自分の子どもを本当に知ることはできないでしょう。それでは非認知能力を育むサポートが十分にはできません。親の子に対する対話の仕方で子どもの考える力と非認知能力は大きく変わってきます。秘訣はお金ではありません。労力、論理、習慣、それだけです。

第３章のポイント

- 親が子どもに話しかける量によって、その後の子どもの学力が大きく変わる
- 子どもの「なぜ？」に、「どうしてだと思う？」と問い返すことで考える力を伸ばす
- イエス・ノーでは答えられないオープンエンドな質問をする
- 「自分だったら、どうする？」の質問で、答えを導く手伝いをする
- 本の読み聞かせをしていた子どもは、語彙が豊かで算数のスキルも高くなる傾向がある
- 否定的な親の言葉かけは子どもの能力を抑える
- 子どもを褒めるときは、その能力よりも、努力を褒めると自己肯定感が高まる
- 理由をきちんと話すことで、子どもの自制心を伸ばす
- 「今日一日あった出来事」など、テーマを決めて子どもと話す
- 自己紹介を数パターン考えさせておくと、子どもは話すことに自信がつく
- 親もまちがったら謝る

第4章

遊ぶ

問題解決能力を伸ばす最大のチャンス

子どもにとって、遊びは酸素と同じくらい大切なもの

幼稚園や小学校時代の楽しかった思い出は、いったいどんなものですか？

友だちと夢中で遊んだこと、何かに真剣に取り組んだ時間、家族と旅行に行ったときの思い出……さまざまあると思いますが、やはり夢中になって遊んだ時間は子どもにとって、もっとも忘れがたいものではないでしょうか。

近年、日本では子どもが遊ぶ時間が大幅に減少しているといわれていますが、幼時期には知識を詰め込むより、遊びを通して社会性や情動面を育てる方が、生涯的な成功につながりやすいという研究結果が多数、報告されています。

たとえば、アメリカの「遊びの研究所」創設者であり、内科医・精神科医でもあるスチュアート・ブラウン博士は、６０００人の子どもを対象に遊びと成長の調査を行い、遊びが人間のさまざまな面に良い影響を及ぼしているという結論を得ました。

ブラウン博士によると、遊びは脳の柔軟性と順応性を高め、創造的にするそうです。遊びは「酸素と同じくらい人間にとって必須のもの」であり、遊ぶことによって、人は共感力や倫理観などの社会性を身につけていることがわかりました。

幼少期からよく遊んでいた子どもは、自分から問題を見つけ、自分で考えて行動する力

に優れているのです。

人間と遊びに関する研究は、近年、神経生理学や発達・認知心理学、進化生物学、分子生物学などのさまざまな分野でも行われていますが、その結果はどれも、人間にとって遊びがいかに重要かを示すものです。

日本でも、同じような調査が行われています。

お茶の水女子大学の内田伸子名誉教授（発達心理学）らが20代の社会人の子どもを持つ保護者1000人程にアンケート調査を行ったところ、「小学校入学前の子育てで意識していたこと」という質問に対して、偏差値68以上のいわゆる「難関大学」に合格した子どもの保護者の35・8％が「思いきり遊ばせること」と答えています。一方、そうでない子の保護者の「思いきり遊ばせること」の割合は23・1％に過ぎませんでした。

さらに、「難関大学」合格者の保護者の24・1％が「好きなことに集中して取り組ませること」と回答した一方、そうでない子の保護者の回答は12・7％に留まりました。

未就学時期に思いっきり遊んだり、好きなことに集中したりしていた人の方が、「難関大学」に合格する確率、つまり学業成績が高い可能性があるということです。

もちろん、いい大学に合格することだけがゴールではありませんが、遊びの時間をしっかりとった人の方が目的を達成する可能性が高いと言えるでしょう。

ペンシルバニア州カッツタウン大学の初等教育の専門家スーザン・ミラー教授によれば、子どもは生まれながらにして、遊びから問題解決能力を学んでいます。

たとえば、1歳に満たない赤ちゃんは音の出るおもちゃを触りながら、自分が何かをしたら、結果として何かが起こるという関連性について学習しているのです。赤ちゃんはよく自分の手や足を舐めたりしていますが、それも遊びの一環です。

2歳頃になると、子どもは記憶力を使って遊ぶようになります。それまではやみくもに叩いたりしていたのが、次第に人の真似をして遊びはじめるのです。人がやっているのを見て覚え、その人の真似をしながら、どうしたら自分がそれを成し遂げられるか、問題解決の手法を学んでいます。

赤ちゃんにとっては、親が自分の動きに反応して笑顔を見せることも立派な遊びです。自分がした行為に周りが反応し、その行為を共有することで、子どもの認知力は高まるのです。

友だちと遊ぶのにもルールが必要ですよね。順番でおもちゃを使ったり、「ごっこ遊び」の際は役割を担当したり、やりたい役割を譲り合ったり、交代で行ったりします。皆で決めたルールは皆で守ることが求められます。これこそ小さなコミュニティです。

子どもたちは遊びながら、そしてときに喧嘩しながら、ルールを守る大切さを学んでいきます。そうした中で他者を思いやる気持ちや共感力も身につけていくのです。

さらに、友だちと仲良く遊べた行為を親や先生に褒めてもらえることによって、自己肯定感や幸福感、満足感も上がります。

遊ばない子どもは犯罪に走りやすくなる傾向も

このように、遊びによって人はさまざまな非認知能力を身につけていきますが、幼児期に遊ばなかった子どもは将来、犯罪者になりやすい傾向にあるという研究もあるのです。

１９６７年にデビッド・ウエイカート教授らは、ミシガン州の貧困地域で３つのグループの子どもたちの遊びと学習達成度の関連を調査しました。

１つ目は「遊び中心」の伝統的な保育園です。２つ目は、大人も少し介入する保育園。３つ目はワークシートやテストで早期教育を行う「知識中心」の保育園。

さらに家庭でもそれぞれの保育園と同じような姿勢で接するよう親に指導をして、その後の学習達成度を調査しています。結果は、この種の他の調査と同じようなものでした。

つまり、３つ目の「知識中心」の保育園の子どもたちが最初こそ優位だったものの、すぐに他の２つのグループと学力の差はなくなったというのです。

そして、この調査の特異な点は、子どもたちが15歳時、23歳時まで、長期的で多面的に追跡調査をしているところです。

これくらいの年齢になると、知的な学習達成度にそれほど大きな違いは見られません。しかし、社会性や情動面には大きな違いがあったそうです。

驚くのは、３つ目の「知識中心」グループの人が15歳時までに不正行為を行った確率です。そうでない２つのグループの平均値の2倍もあったのです。

また、「知識中心」グループの人が23歳時までに犯罪者になった確率は39％もありました。３分の１以上の人が犯罪者になっているのです。これは、他の２つのグループの平均値13・５％に対して、約３倍も多い数値でした。

脳科学などの分野でも、幼児期に十分に遊ぶことなく早期教育で知育偏重になった子どもたちは、早い時期に学習意欲をなくしやすいとか、精神的に不安定になりやすいなどの研究結果があります。

親は、なるべく子どもの将来の選択肢を増やしてあげたいと考えて、子どもに早期教育（いわゆる詰め込み教育）を受けさせるのかもしれませんが、その内容や程度が子どもの能力や年齢に合っていなければ、子どもは大きなプレッシャーを感じてしまいます。

子どもは何とか親の期待に応えようとしますが、そのプレッシャーをうまく乗り越える力が未熟な場合、知らず知らずのうちにストレスを溜め込んでしまうこともあるでしょう。ストレスを長年溜め込んだ結果、精神的に不安定になったり、キレやすくなったり、学習意欲が低下したりするといった問題が生じてしまうこともあるのです。

子ども同士で遊ぶことの重要性

こうした研究の結果なのでしょうか、近年のアメリカでは、子どもを熱心に遊ばせる親が増えているようです。

たとえば、「プレイデート」という習慣があります。これは子ども同士で遊ぶ時間のことで、12歳以下の子どもが一人で外出することが禁止されているアメリカでは、親同士が連絡を取り合い、遊ぶ場所と時間を相談して、親も同行して子ども同士で遊ばせます。

我が家の娘は2歳の頃、近所のお母さんたちで運営するプレイグループに通っていました。先生も見守る中、毎日9時から12時まで皆で歌を歌ったり、ダンスをしたり、本を読んだり、何かを作ったり、おもちゃで遊んだりするのです。

それが終わったと思ったら、お昼ごはんを食べた後の午後にもお母さん同士が約束して、さらに公園や誰かの家でプレイデートをしていました。そこまで子どもの遊びに時間を取るのかと驚きましたが、それだけ遊びが重要だと認識されていたということです。

娘が学校に通うようになっても、遊びの時間は大切にされていました。

娘の学校では「子どもの仕事は遊ぶこと」と言われ、授業を受けているのか遊んでいるのかわからなくなるほど、子どもたちは存分に楽しんでいました。放課後にも子どもが校庭で遊ぶことが推奨されており、多くの生徒は学校が終わった後もずっと校庭で遊んでいたものです。ときには親も一緒になって遊ぶこともありました。

我が家でも、学校の後に友だちと遊ぶ時間を週に数回は確保するようにしていました。

ママ友たちとも、こうしたつながりがあったおかげでまたそれぞれの子どもについてよく知っていたからこそ、お互い仕事が忙しいときにも交代制で子どもの面倒を見ることができたのです。

子育てについての情報交換などもでき、ママ同士のネットワークは有益でしたが、親同士のつながりの主な目的はあくまでも「子どもを遊ばせること」。ママ同士の交流はとてもシンプルで、それゆえ私には非常に心地良いものでした。

あの頃は「こんなに遊ばせていて大丈夫なのかな？　もっと勉強させなくていいのかな」と思うこともありましたが、後から思えば、いずれできるようになる九九を前倒しでできるようになるよりも、娘の笑顔を一つでも多く見られたことは、私にとって大きな宝になりました。娘の心からの笑顔はたくさんの幸せと自信を私にもたらしてくれたのです。

モンタナ州立大学のある研究によれば、子どもの脳の約75％は生まれた後に成長します。その成長を助けるのが遊びなのです。

なぜなら、遊びは楽しく、自発的に行われるものだからです。子どもは何かに興味や関心を持っているときや楽しく遊んでいるとき、大きな集中力を発揮します。遊びを通して、それまでできなかったことができるようになったりもするのです。そんなとき、子どもは問題解決能力や何かをやり遂げる実行機能、周囲と力を合わせる協働力、失敗から学ぶレジリエンスなどの非認知能力を身につけていくのです。

だからこそ、親は何としてでも子どもと遊ぶ時間をたくさんつくるよう努力すべきです。

外遊びは子どもの脳の発達には不可欠

遊びは、子どもはもちろん、大人にも必要です。「楽しむ」というインプットがなく、単に「働く」というアウトプットだけでは疲れてしまいます。

私も、毎週必ず意識して遊ぶ時間をつくっています。愛犬との時間や大好きな映画鑑賞、夏には友人や家族とのテニス、海でのセイリング（ヨット）などです。

イギリスにいたときに驚いたのが、国民が皆で遊ぶ日があったことです。8月の第1水曜日は「国民の遊ぶ日（UK Play day）」と決められており、休日ではないものの、国民の多くが遊ぶイベントが全国各地で行われます。

戦後の日本の学校教育は暗記や計算など知識を詰め込むことに重きを置いてきましたが、それはイギリスでも同じでした。特に1970年代には、ロンドンの公立校で遊びやアート、体育などの時間がどんどん減らされていきました。

しかし、教師の中にはこうした学力重視の風潮を危惧する人々もいました。そうした数名の教師たちによって、このイベントが始められたのです。最初は数人の教師が行うだけでしたが、あっという間に広がり、今では全国区で大人と子どもが一緒に綱引きをしたり、ハイキングをしたり、スポーツ大会などをして遊ぶ国民的なイベントになっています。

また、外遊びは自分の身体能力について知るのに最適な機会です。どんなことを、どの程度やったら危ない思いをするのか。それを全身で感じることによって、自分の限界がわかるようになります。子どもは遊びを通して、自然に危険を予測して回避する力、リスクに対応する方法を学ぶのです。

また、日本のある研究によれば、自然の中で遊ぶ機会の多かった子どもの方が、自己肯定感が高い傾向にあったそうです。身体を思いっきり動かすと、ドーパミンやセロトニンというホルモンが脳内に分泌されますが、それは幸せホルモンとも呼ばれます。脳内がポジティブな気持ちで満たされ、心身ともに回復力が増すといわれています。

我が家では、夫が大のスポーツ好きなので、子どもが小さな頃からよく外で遊ばせていましたが、赤ちゃんの頃からよく散歩もさせていました。

２歳になるとスケート、３歳からはスキーやローラーブレードを始めました。また、庭仕事が好きな夫は大きなスコップで、娘はシャベルで庭仕事を一緒にしていました。

３、４歳になると、娘が学校に入ったこともあり、外で遊ばせることがさらに増えました。よく遊んでいたのは学校の校庭や近くの公園です。我が家では、休日にもわざわざ遊園地などに行くことはありませんでした。自然の中のピクニックや公園でのランチ、公園の池でボートに乗るなど、身近なところでもたくさん遊ぶことができたのです。

しかし残念なことに、日本では、子どもたちが外で遊ぶ機会は最近どんどん減っているようです。子どものサッカースクールを運営する株式会社クーバー・コーチング・ジャパンが２０１７年７月に小学生の子どもを持つ保護者２８７名に対して「子どもの放課後の過ごし方」の調査をしたところ、保護者自身が小学生の頃と比べて、現在の小学生の子どもの外遊びが減少したと思う割合は92・0％にも達していました。

その理由としてあげられたのは、1位がテレビゲームやカードゲームなどの「屋内遊戯の充実」によるもの。2位がボール利用の禁止や自転車乗り入れ制限などの「公園ルールの厳格化」。3位が「習い事で忙しい」というものでした。

遊ぶ環境や子どもの放課後の過ごし方の変化が、大きな要因として挙げられています。ですが、外遊びは失敗を経験させる良い機会にもなります。

遊びの中で失敗は失敗ではなく、うまくいくための試行錯誤の機会に変わるのです。遊んでいて楽しいときは、うまくいかなくても失敗したと感じることもありませんし、立ち直りも早くなります。そうした経験を繰り返すうち、子どもはあらゆる身体能力やスキルを学び、また無謀なリスクを回避する知恵も身につけるのです。こうして自己肯定感や自信といった非認知能力がアップします。

私は、娘が小さな頃も、極力「危ない」とは言わないようにしていました。親に「すべり台は危ない」と言われた子どもは、すべり台は危ないものだという認識を持ってしまいます。親の言葉が子どもの「限界」をつくってしまうのです。

常に子どもの先回りをして、危ないことから守ってあげようとする過保護な親は、子どもが自ら学ぶ機会を奪ってしまいます。

最近は、公園や遊び場の中には地面を柔らかい素材にして子どもが転んでも大丈夫な環境にしているところも多いようです。そんな環境で膝をすりむきながら子どもは自分の身体能力を上げていき、自然に自分の「限界」と向き合っていきます。そうして自分を知り、ありのままの自分を受け入れることでさらに非認知能力が育まれます。

親や保護者は、本当に危険な場所と、そうでない場所を区別し、子どもの安全に配慮しながら、思いっきり身体を動かせる環境を選ぶことも大事ではないでしょうか。

問題解決能力を伸ばす遊びの数々

問題解決能力とは、問題を正しく認識し、それを最大最適な方法で適正に解決していく力のことです。私たちが問題を効率的に解決する能力を持つことは素晴らしいことですが、残念ながら、すべての問題を解決できる万能な方法はありません。私たちはその都度、問題が何であるかを見極め、それに適した方法で挑まなくてはいけないのです。また、問題を解決するには、ある程度のリスクがともなうこともあります。

問題解決能力を考えてみると、次の５つに分解できるのではないでしょうか。

①論理的に問題が何であるか、リスクがどんなものかを正しく認識する力
②仲間と協働する力やコミュニケーション力
③知識や情報を使いこなす力
④リスクを読み、対処する力
⑤実行する力

こうした力は、幼少期に体験する遊びによっても培うことができますが、実際に娘が体験したもののうち、特におすすめのものをいくつかご紹介します。

●ボードゲーム

我が家では、娘が小さな頃からゲームでよく遊んでいました。子どもが小学生以上になったら、トランプやオセロ、ＵＮＯなどのアナログなゲーム、数人で行うボードゲームなどもお勧めです。

１人か少人数でプレイするテレビゲームとは違い、ボードゲームは数人で一緒に遊びます。楽しく会話しながら、自分なりに策略をめぐらして勝ち負けを競うのです。他の人がどんな方法で勝ったのかを学ぶこともあるでしょう。

ルールという知識を理解して活用する力や、戦略を考える論理的思考力、状況に合わせて判断する力、〝はったりをかます〟などの心理戦も有効ですから、コミュニケーション

力や表現力、リスクを読む力、感情をコントロールする自制心や社会性も求められます。

こうした数々の非認知能力を、楽しみながら学ぶことができるのです。

ちなみに我が家では、娘が大学生になった今でもトランプなどをすることがありますが、負けるのはたいてい私です。2人ばっかり勝っててずるい、と文句を言うのもたいてい私……。最初は子どもに付き合ってゲームを始めたのに、大人の方が夢中になってしまうこともありました。親が子どもと楽しく遊ぶ時間は、子どもにとっても大切な時間になることでしょう。

●誕生会のお楽しみを自分たちで企画・実行する

アメリカでも、子どもの誕生会はよく行われますが、日本とは少し形が違います。

まず、プレゼント交換は経済的な差が出てしまうこともあり、子どもたちの負担になる可能性もあるため、やらないことも多いようです。その代わり、自分たちで少し特別なことを計画して楽しみます。

娘の誕生会でもいろいろなことをしましたが、印象的だったのは小学5年生のときの誕生会でした。布のきれはしやはぎれ、はさみやのり、ホチキスなどを用意しておいて、子どもたちお手製のファッションショーを開いたのです。友人宅からトルソーも借りてきました。

子どもたちは好き勝手に布を切って巻いたり貼ったりして、各自で好きな洋服をつくりましたが、2時間後には素敵な洋服がたくさんできていて、華やかなファッションショーが開催されていました。最後に皆でつくった服を着てケーキを食べていましたが、その際の子どもたちのいきいきとした表情は忘れられません。

3歳のときのパーティでは『3匹の子豚』の絵本をもとに、子どもたちそれぞれ役を演じて簡単なお芝居をしました。

5歳のときはお遊戯のクラスの先生に来てもらって、ちょっとした劇をしながら、お遊戯を楽しみました。

7年生のときは、娘が日本に1年間留学する直前にお別れパーティをしたのですが、DJをしている私の友人に来てもらって、大勢が参加するダンスパーティをしました。友だちと楽しみながら何かを計画し、つくりあげたことは、娘にとって忘れられない思い出となっているようですが、私たち家族にとっても良い思い出となっています。

●スパゲッティタワー

スタンフォード大学のワークショップに親子で参加した際に体験したゲームです。4人1組でチームをつくり、20分という時間内でスパゲティの乾麺とひもとテープで自立可能なタワーをつくるゲームです。どのチームがどれだけ高いタワーをつくれるかを競います

（一番上にマシュマロを一つ立てて「マシュマロ・チャレンジ」と呼ぶ場合もあります）。

私たちが参加したときは5つのチームに分かれましたが、結局、私たち大人だけのチームが一番ダメで、子どもだけのチームが一番高いタワーをつくることができました。

大人だけのチームでは、「最初に橋脚をつくらないと倒れてしまう」とか、「下の方に、もっと重点をおかないと」などといろいろ考え過ぎて、手を動かす時間が少ない傾向にありました。つまり、「頭でっかち」になってしまったのです。

一方、子どもたちのチームでは、失敗を恐れずに試行錯誤を繰り返し、考えるより実際に手を動かす時間の方が多かったようです。発想力も、子どもたちの方が優れていました。

大人はきっと「正しくやらないといけない」と思い込んでいるのでしょう。子どもは楽しみながら、どんどん挑戦できます。遊びにはそういうパワーがあるのです。

これは、スパゲティの乾麺とひもとテープがあれば簡単にできますから、ぜひご家庭でも、二人一組で競うなどして、やってみてください。

●料理

料理も楽しみながらすると、遊びになります。

娘が3歳くらいの頃、二人で読んでいた絵本に「オートミール」という言葉が出てきました。当時「オートミール」が何だかわからなかった私は、娘と辞書を引きましたが、

「燕麦《えんばく》」と言われても、よくわかりません。

そこで、スーパーで買ってきて二人で食べてみました。でも、正直に言ってあまり美味しくありませんでした。じゃあ、少し牛乳をかけてみようか。お砂糖をかけてみようか。いや、もっと長い時間煮てみようか、などと試行錯誤でいろいろやったのですが、そのときの娘の楽しそうな顔といったらありませんでした。二人で楽しみながら料理をしましたが、これも立派な遊びの一環です。

また、日曜日の朝は娘が朝食をつくると決めていたので、これは一種の仕事ではあるものの、料理が大好きな彼女にとっては遊びでもあったようです。

でも、娘はまだ小さな頃でしたから、すべて安全に行えるよう、ガイドラインはきちんとつくりました。前述のように、小学生の頃には包丁はOKですが、火は危ないので使わせませんでした。その範囲内でつくれるものをつくってもらうのです。娘もいろいろ考えて、サンドイッチやサラダ、パンケーキメーカーでつくるパンケーキ、果物を使ったデザートなど制限された範囲内で工夫しながらいろいろつくってくれました。

危ないから何もやらせないというのではもったいないですし、親がそばでずっと見ていたら、自分一人でつくったという達成感もありません。子どもが楽しく安全にできる環境をつくることが大事です。

仕事が忙しくて買い物に行けないときは、その状況を逆手に取り、「これで何がつくれるかなゲーム」をしていました。冷蔵庫にある食材をテーブルに並べて、娘と「これで何がつくれるかな？」と考えて一緒に夕飯をつくるのです。

少ない材料で工夫してつくることで、考える力や協働する力も育まれます。何より、逆境をゲームのように楽しむことができました。

これは皆さんにもおすすめです。おかずが少なくても、「今日は質素でごめんね」なんて謝ることはありませんよ。子どもは案外、普段とは違う状況を楽しむものです。

スポーツの効用

我が家では、家族でいろいろなスポーツを体験しました。

たとえばスケート、スキー、テニス、器械体操、水泳、セイリング（ヨット）、乗馬、バスケットボール、サッカー、フィールドホッケー、ゴルフ、ローラーブレード、トランポリン、サーフィン、ウィンドサーフィンなどなど。

私自身はテニス以外のスポーツは苦手でしたが、夫と娘が大のスポーツ好きだったので、あえていろいろなスポーツに挑戦する機会をつくりました。セイリングや乗馬、ウィンドサーフィンなどはお金がかかりそうなイメージがあるかもしれませんが、アメリカでは、それほどお金をかけずに体験することができるのです。

特に、ボートの帆に風を受けて水上を滑走するセイリングは、子どもの問題解決能力を伸ばすのに最適でした。娘は小学校の頃から始めましたが、ボートはまっすぐ前に進むことはありませんから、自分の思った方向に行くことさえ非常に難しいのです。ボートが風で流されてしまったり、ひっくり返りそうになったり……身体をうまく使ってバランスを整えるだけでなく、頭で考えながら風の向きを捉え、同乗者と力を合わせなければ、行きたい方向には進みません。非認知能力を伸ばすのには最適でした。

また、私がスポーツを賞賛するのは、誰でもいつか必ず負けるからです。子どもは負けることによって「失敗から立ち上がる」という、人生で一番大切な非認知能力を身につけていくのです。親は何でも十二分に用意して、子どもの人生のレールを敷いてしまいがちですから、子どもが失敗する機会は少なくなっています。だからこそ、必ず負けることのあるスポーツは重要な機会です。

スポーツをする上で、大きな利点がもう一つあります。

それは、スポーツには必ずルールがあることです。これを守らなければスポーツは成り立ちません。

ですが、それは社会生活でも同じ。スポーツをすることでルールを尊重する姿勢を身につけることは、社会性という非認知能力を身につける上で非常に効果が高いのです。

スポーツは、技術の修練の結果でもありますから、やっていれば程度の差こそあれ、何がしかの上達を感じることができます。昨日できなかったことが今日できるようになる。スキルの習得や上達は目で見えまた体で感じることができるので、これは自己肯定感も満足度も幸福感も自尊心も上げます。

こうしたこともまた、非認知能力の育成には欠かせないのです。

子どもの仕事は遊ぶこと。そんな中から子どもは非認知能力を育んでいきます。だから遊びの時間を増やすためにも、お子さんと一緒にいろいろなことを遊びに変えて一緒に楽しむことがとても大切だと思います。お料理は義務ではなく、知らない食べ物を試してみる冒険で、スポーツの送り迎えは面倒な作業ではなく、どんな道順で行けるかをできるだけ考え出すゲームだったり、お掃除だってどうやったら一番手抜きできるかを試すゲーム。そんな風にして子どもと一緒に「仕事」を遊びに変えてみる、それも子育てを楽しむための一つの方法かと思います。子どもは何でも遊びに変えてしまう天才ですから、きっと楽しい遊びをたくさん思いついてくれると思います。ドリルの時間があったら代わりに泥団子をつくる。ボーヴォワール流を試してみてください。たくさんのお子さんの笑顔に出会えることでしょう。

第4章のポイント

- 遊びは脳の柔軟性と順応性を高め、創造的にする
- 未就学時期に思いっきり遊んだり、好きなことに集中したりしていた人の方が、学業成績が上がる可能性がある
- 子どもは遊びながら自制心や共感力を身につけていく
- 早期教育で知育偏重になった子どもは、精神的に不安定になりやすくなる
- 外遊びは子どもの身体能力を高め、脳の活動を活性化させ、非認知能力を上げる
- 自然の中で遊ぶ機会の多い子どもの方が、自己肯定感が高い傾向がある
- 幼少期に体験する遊びによって問題解決能力が上がる
- いつか必ず負けるスポーツは、失敗から立ち上がるレジリエンスを高める

第5章

子どもと自分を受け入れる

自己肯定感とレジリエンスを育てるために

自己肯定感がダントツに低い日本の子ども

「自分はダメな人間だと思うことがある」

国立青少年教育振興機構が日本、アメリカ、中国、韓国の高校生を対象として実施した2014年の意識調査によると、そう答えた日本の高校生は72・5％もいました。これは4か国でもっとも高い数値でした（韓国35・2％、アメリカ45・1％、中国56・4％）。

どうやら日本の高校生は、他の国の高校生に比べて、自信を持てていないようです。

しかし、彼らは学力調査では常に世界のトップクラスなのです。

たとえば、OECDによるPISA（72か国・地域における学習到達度調査）は、15歳の義務教育を終えた段階の子どもがどれくらいの学力を身につけているかを見るテストですが、2015年の最新調査では、日本は『科学的応用力』で2位、『読解力』で8位、『数学的応用力』で5位。総合的な評価も高く、毎回、常にランキングの上位に入っている日本の子どもたちは、世界的に見て学力優秀といえます。

それなのになぜ、日本の高校生は自信を持てないのでしょうか？

もちろん、謙遜とか謙譲といった日本の文化が影響していることもあるでしょう。しかし、右の調査の他の質問でも、日本の高校生たちの自己肯定感は軒並み低いのです。

「私は、自分自身に満足している」…45・8％（最下位／1位のアメリカは86・0％）
「私は人並みの能力がある」…55・7％（最下位／1位の中国は90・6％）
これこそが、今の日本の子どもたちが抱えている問題ではないでしょうか。学力はあるのに、半数以上の子が自分自身に満足できず、7割以上の子が自分はダメな人間だと思うことがあると答えています。他国と比べて、自己肯定感が非常に低いのです。

自己肯定感が低い人はマイナス思考に陥りやすい

自己肯定感とは、「自分には生きる価値がある」と自分の価値や存在意義をそのまま肯定し、良い部分も悪い部分も含め、自分のありのままの姿を肯定できるという気持ちです。

自己肯定感が高ければ、さまざまな事に対して自分から前向きに取り組んでいくことができますが、自己肯定感が低ければ前向きに取り組めないどころか、やろうとする気力も低くなります。自分を苦しめるネガティブな考え方に囚われてしまうこともあります。

私もライフコーチをしてきて、自己肯定感が低いと思われる人をたくさん見てきましたが、自己肯定感が低い人には、以下のような特徴があります。

■常に人の目を気にしており、人との比較で物事を考える傾向がある
■自分より劣ると思う人に対しては、見下す傾向がある
■自信がないため、人からの言葉に傷つきやすい
■マイナス思考に陥りやすく、「どうせ自分なんて」と卑下する傾向がある
■何かをやる前から諦めることが多い
■怒りっぽく、すぐに人を批判する
■他人から認められたいという承認欲求が強く、自慢話をすることが多い
■完璧にできないと気が済まず、必要以上に自分を責めることがある
■人から褒められても、素直に受け取れない

自己肯定感の反対は「自己否定感」。「自分を嫌いで、認められない」という感情です。

自己肯定感が低い原因には、一般的に親や保護者からの体罰やネグレクト（育児放棄）などがあげられますが、過保護や過干渉もその原因になり得ます。

さらに、「お前は何をやってもダメだ」「産まなければよかった」「本当は男の子（女の子）が欲しかったのに」といった、存在自体を否定するような言葉も、子どもの自己肯定感を低くすることが報告されています。

親の完璧主義も大きく影響します。子どもがした努力には目を向けず、結果だけを見て「もっと頑張らなきゃダメだ」「１００点でなければ意味がない」などと否定すると、その子の自己肯定感は低くなります。

また、きょうだいや他の子と比べて子どもを否定することも、自己肯定感を低くします。親はその子が何ができるのかには関係なく、子どもを一人の人間として認めることが求められているのです。自分を肯定できるということは、自分の存在そのものが大事だと思える感情であり、人より優れているか否かという比較で得られるものではないからです。

自己肯定感は６歳までの未就学児の間に土台の多くが形成されるといわれており、この幼少期は特に親の接し方が重要だとされています。子どもへの声かけや家庭内の会話が少ない、他の人と比べる、人前で自分の子どもが褒められると否定する……こうした家庭では、子どもの自己肯定感は育ちにくいでしょう。

自己肯定感が高い人は、逆境に強くなる

一方、自己肯定感の高い人は、適切な自信を持ち、何事にも挑戦していける折れない心を持っています。自分を好きでいられる人は必要以上に自分を責めませんし、論理的に物

事を見ようとするため、物事をシンプルにとらえることができるのです。

自分が自分を認めていれば、他人から承認されたいという過剰な欲求もなくなりますから、人から言われることに動揺することも少なくなります。

他にも、自己肯定感が高い人には以下のような特徴があります。

□何かを成し遂げようという気持ちが強い
□悩みや不安を感じて落ち込むことが少ない。また、落ち込んでも立ち直りが早い
□感情的になることが少なく、いつも精神的に安定している
□相手の話を素直に聞くことができる
□仕事や学業、決めた目標などに対して、途中で挫折することが少ない
□障害があっても、柔軟に対応策を練り、やり抜くことができる
□自分を素直に表現でき、人のことも素直に受け入れられるため、友人が多い

自己肯定感の高い人は挫折やストレスに強く、やり遂げようとする意思が強いので、結果的に学業や仕事の成果が上がりやすくなります。結果を出したことで達成感も上がり、実力に基づいた自信がついていきます。また、自分も他人も素直に受け入れることができ

るために、周りに人が自然に集まってきて、良い循環ができるのです。

娘の学校ボーヴォワールでも、子どもの自己肯定感を高めるための教育が十分に考えられていましたが、我が家でもさまざまなことに気をつけていました。

子どもの自己肯定感を高めるために家庭でできること、親が少し意識するだけで子どもが劇的に変わることは、実はたくさんあるのです。具体的にご紹介していきましょう。

1 実践篇：家庭で子どもの自己肯定感を育む12の方法

①子どもに頻繁に声かけをする

子どもに対して何気ない声かけを日常的にすることで、子どもに「自分は愛されている」という実感を持たせます。たとえ忙しくて少ない時間だとしても、親は意識して、子どもと触れ合う時間をなるべく多く持つことが大事です。

②子どもの話をよく聞く

子どもが何かを話しているときには、言いっ放しの一方通行にせず、目を見て真剣に聞くことです。途中で話をさえぎられたり、スマートフォンをいじりながらなどの「ながら聞き」をされたりすると、子どもは自分の存在は大切ではないと感じます。親がしっかり話を聞くことで、子どもは自分は認められていると感じ、自己肯定感が芽生えるのです。

③親が感情に左右されない

さらに、子どもに「自分は無条件で愛されている」という実感を持たせるためには、親が自分の一時的な感情によって子どもへの評価を変えてしまわないことが大切です。たとえば「できない子だ」と決めつけたり、子どもが間違ったことをしたら「そんなことをする子は嫌い」と、その存在自体を否定したりしないようにしましょう。

叱るときにも手を出すのはもちろん、感情的に怒鳴るのは絶対に良くありません。感情的に怒鳴ることの弊害は90ページでもご紹介しましたが、どうしても叱らなければいけないときには、感情的になって自分の怒りのはけ口にするのではなく、どうして叱っているのかを穏やかに子どもに説明することです。

④子どもに感謝する

「ありがとう」は相手の存在価値を認める魔法の言葉です。お手伝いや片付けなど子どもが少しでも良いことをしたら、「ありがとう！　とっても助かった」と感謝の言葉を伝えましょう。子どもは親の「ありがとう」で、自分は人の役に立っている、人から必要とされていると感じることができるのです。自分の存在意義をきちんと持てるようになります。

⑤子どもをよく見て、よく褒める

これは、私自身が日米両方の子どもたちを見て、日々感じていることです。アメリカの親たちは、一般的に自分の子どもの良いところを見つけるのが上手です。良い部分を見つけては自分の子どもを人前で堂々と褒めます。正直に言えばそれほどでもないと思うことでも大げさなくらいに褒め、褒められた子どもも、とても誇らしげな顔をしています。

一般的にアメリカ人の子どもたちの自己肯定感が高く、自信に溢れているのは、そうした影響もあるのではないでしょうか。

私もそれを見習い、娘のことをたくさん褒めて育てました。

褒めるときには、93ページで述べたように、「結果」や「能力」よりも、子どもの「努力」や「頑張ったプロセス」を褒めると良いでしょう。子どもが何かに挑戦して成功したときは、少し大げさなくらいに褒めます。失敗したときでも、挑戦しようとした前向きな気持ちや、その頑張りを褒めるのです。がっかりした顔は決して見せないようにしました。

褒めることで、子どもには「自分の存在が認められている」という実感が湧きます。頑張った自分の存在を認めてくれる人がいるという安心感が心の支えになり、失敗を乗り越えて、次の挑戦に向かう勇気や自信を持つことができるようになるのです。

また、アメリカでは、人から自分のことを褒められたときにも、子どものことを褒められたときにも、「ありがとう!」と素直に喜びます。

一方、日本は謙虚でいることやへりくだることが求められる社会であり、日本人の多くは人から褒められると、謙遜して「いやいや、私なんて……」とへりくだります。

しかし、親が自分のことを「この子は、こういうところがダメなのよ」などと言っているのを聞けば、たとえそれが親の本心でなかったとしても、小さな年頃の子どもは「そうか、自分はダメな子なんだ」と思ってしまうこともあり得ます。

ある程度成長した子どもが、これは親なりの謙遜だとわかったとしても、そういう言葉ばかり聞いていれば、自身の肯定的なイメージが否定されてしまう可能性もあります。

私も、以前は自分のことや娘のことを褒められると、「いや、まだまだよ」などと謙遜していたのですが、少なくとも娘のことを褒められたときに謙遜するのはおかしいと思い、それを改めることにしました。

褒められたときには謙遜するのをやめて、こう返すことにしたのです。自分のことを褒められたら、「ありがとう！　あなたも素敵」。子どものことを褒められたら、「ありがとう！　〇〇ちゃんもすごく頑張っているよね」。誰にでも必ず一つはいいところはあるはずですから、相手のそれを見つけて返せばいいと気がついたのです。せっかく褒めてくれた言葉を否定するのではなく、お返しすれば、お互いに嬉しい気分になりますよね。

子どもの自己肯定感を高めるために、一日の終わりに、「今日、頑張ったのはどんなことかな？」とか、「どんないいことがあった？」と聞くのもいいでしょう。自分に対して良い感情を持って眠ると、穏やかな気持ちで目覚めを迎えることができます。

毎日、良かったことや嬉しかったことを記録する「ありがとうノート」も効果的です。

⑥子どもを他の人と比べない

自己肯定感は、人との比較で伸びるものではありません。親は子どもをありのままに認めることが必要です。クラスで1番だからと褒めていたら、順位が5番に下がれば、その子は自分の存在価値を感じることができなくなり、自信が揺らいでしまいます。子どもを他の人と比べることは、絶対にやめた方がいいでしょう。

私は娘に対して何度も、自分と他人を比べるのではなく、昨日の自分と今日の自分とを比べることが大切だと伝えていました。たとえ点数が1点上がっても、順位が10位下がれば、自分はダメだと思ってしまうかもしれません。でも前回より点数は1点伸びているのです。そう思う方がやる気も自信も出ます。建設的な比較をすることが大事です。

大切なのは、その子をその子として見ること。誰かとの比較で評価しないことです。たとえば運動会の徒競走で、どうしても自信のない子がいるとします。子どもは親の前でいいところを見せたいと思うでしょう。親も、つい我が子に期待してしまいます。

そこで親が「1位になれるように頑張って」と言えば、子どもは一生懸命頑張ります。でも、頑張っても結果が出ないこともあります。結果を出せなかった子どもには、「親の期待に応えられなかった。親をがっかりさせてしまった」という後悔が残ってしまいます。

ですから、自信を持てない子には、「1位になれ」とか「2位になれ」という話をするのではなく、「1位や2位になれなかったとしても、昨日の自分より頑張れたらいいよね。そのためには、どうしたらいいかな?」などと話すといいでしょう。

「自分の持てる力で精一杯頑張れたらそれが○○ちゃんの一番だよ」ということを伝えれば、子どもは救われるのです。少し楽な気持ちになって、全力投球できるでしょう。

私は、娘を他の子とは比べないようにしよう、娘がどう伸びていくかにフォーカスして育てようと思っていましたが、どうしても他との比較が気になってしまうこともありました。そのために、私は決めたのです。他の子と比べてしまいそうな場には行かない、と。

たとえば、大学受験前の高校最後の2年間は、私はほとんど学校には顔を出しませんでした。どうしても親が行かなくてはいけないときは、夫に頼むようにしました。

ボーヴォワール校での教育法のおかげか、娘をはじめとして、子どもたちは意外にも冷静に自分たちを見ていて、他の人と比べるのではなく、自分がどうしたら最適最大の効果が出せるかと考えていたようです。しかし、どうしても親の世代は気にしてしまうこともあります。娘が高校を卒業した後、数人のママ友から「私もシゲコみたいに、学校に行かなければよかった」という声を聞きました。学校に行って他の子を見たり親から話を聞いたりすると、つい自分の子どもと比べてしまったというのです。それで子どもについ余計なことを言ってしまって、辛い思いをさせてしまったこともあったと話す方もいました。

親が学校でネガティブな競争心を感じてしまうのであれば、思い切って行かない方がいいのです。割り切って、なるべくそういう場からは離れておくことをおすすめします。私は自分の限界を知っていましたから、そんなときは素直に夫と娘に話して理解してもらいました。

⑦欠点を直すより、長所を伸ばす

これまでの日本の教育には、子どもの欠点を直してオールマイティな子どもにするという発想があったように思います。

努力して良くなることもたくさんありますから、もちろん努力は必要ですが、本人が苦手なことを無理してやらせることに私は懐疑的です。今の日本では何でも均等にできる子が難関大学に入りやすいようですが、今後それは大きく変わっていくと思いますし、自己肯定感を伸ばすためには、その子の長所の方に注目して伸ばすことが重要だと思うのです。

アメリカの学校では、誰にでもできないことや苦手なことがあるのは当然で、そこを無理に直すより、できることや好きなことを伸ばす方がいいという考え方が主流です。前述の調査でも、アメリカ人の高校生は自己肯定感が高い結果になりましたが、このような「その人自身を肯定する」教育方針が、多少は影響しているのではないでしょうか。

自己肯定感は成長してからも高めることはできますが、容易ではありません。子どものうちから、「あなたにはこんなに良い面がある。こういう部分が素晴らしい」と親が積極的に認めることで、子どもの自己肯定感を育むことが大切です。

また、子どもが落ち込んでいるときには、その子のいいところを思い出させてあげましょう。「それでも、いいこともあったよね」と良いことに気持ちを集中させるのです。

それでもなお子どもの元気がないときは、天秤を思い出してください。片方はポジティブでもう片方はネガティブ。落ち込んでいるときはネガティブなお皿の方によりたくさんの重り（意識）が載っかっています。そんなときは自然に姿勢が悪くなって表情が暗くなり、出てくる言葉も元気のないものばかりです。

先日ある美術館に行ったときのことです。４歳くらいの女の子が嬉々として美術館の中を走り回っていました。本当にニコニコの笑顔で。でも、その後美術館員に叱られました。そこにママがやってきて女の子の手を引いて部屋を出ていきました。女の子はこうべを垂れ、背中を丸めてトボトボと歩いていたのです。だけどそこからが面白かった！　今度はお母さんが「美術館では走り回っちゃいけないんだよ。だって、ぶつかって絵が破れたりしたらみんなが楽しめなくなるものね。だけど、叱られたときちゃんとごめんなさいできたのは偉かったね。ママもきちんと教えなくてごめんね」。そうしたらこの子の姿勢がまずピンと伸び、表情があっという間に明るく変わったのです。そして「ママ大好き！」の言葉も。お母さんがポジティブのお皿にたくさんの重りを載せたからです。

ネガティブな気分のときはどうしても姿勢が悪くなり、表情が暗くなります。話す内容は暗澹とし、心の中もダメだったときのことばかりに囚われてしまいます。こんなときはその子のいいところを思い出させてあげたり、「笑うとすごくかわいいよ」と言ったりしてたくさんの重りをポジティブのお皿に載せてあげましょう。また子どもが自らそうすることができるように訓練してあげましょう。効果的なのは姿勢、表情、言葉の３つのうちのどれか一つでいいから変えることです。だって大きな笑顔で「自分はダメだ」なんて言ったって実感は湧きませんし、ピンとした姿勢でいればそれだけで表情が明るくなります。だから我が家では気分を変える方法としてあることを実践していました。これは即効性がありますから、みなさんもぜひ試してみてくださいね。

姿勢を正した笑顔の状態で、「自分はダメだ」と言ってみるのです。まったくダメな感じはしませんよね？　さらに何かがとてもうまくできたときのことを想像してみると、「自分はダメだ」と思うことはさらに難しくなるでしょう。

まずは、意識的に姿勢、表情、言葉、のうち、どこか一つだけでも変えてみるのです。シンプルに聞こえますが、意外なほど効果は高く、それだけで自分の心を守ることができるようになります。

⑧子どもに決断させる

自己肯定感とは、ありのままの自分を受け入れ、好きでいられるということです。

実は、私は小学5年生のときにひどいいじめにあい、一時期不登校になったことがありました。当時の私の自己肯定感はこれ以上ないというくらい低いものでした。小学5年生だというのに、日記には「もうだめ、死にたい」なんてことばかりが書かれていたのです。

当時は、自分の親がどんなに愛情を注いでくれても、自分に対して愛情を感じることができませんでした。クラス40人が一丸となって襲ってくるのですから、その威力は強力だったのです。40年も前の話ですから、いじめは社会問題になっていませんでしたし、先生もそれほど問題視してくれませんでした。

正直に言って、いじめがはじまった理由は今でもわかりません。でもその頃は、「私がダメな人間だから、いじめられるんだ」という思いで、毎日押しつぶされそうでした。

しかし、そんな私を救ったのは、父の一言だったのです。

学校に行こうとしない私に父は言いました。「これからどうするか、一緒に考えよう」。そして、私たちは３つの選択肢を考えました。

①明日から学校に行く　②1年間休んで、来年また5年生をやる　③転校する

それぞれのメリットとデメリットを考え、すべての要素が出尽くしたところで、父は言いました。「どれを選ぶかは自分で決めなさい。お父さんとお母さんは重子が選んだことを全力でサポートするから。その代わり、自分で選んだ道はまっとうすること」

私は、翌日から再び学校に行くことを決めました。そして、どんなに辛くても、通い続けたのです。なぜなら、自分で決めたことだったから。私の自己肯定感がかろうじて保たれたのは、父が「自分で決める」という大きなチャンスをくれたからです。

その後、ある日を境に、いじめはパッタリなくなりました。いじめがはじまったことにも、そして終わったことにも、何か特別な理由があったわけではなかったようです。

いじめの体験は私に大きなトラウマを残しましたが、父が一つのチャンスをくれたことで、再び学校に行く勇気を持てました。また、自分を信じてくれる家族の存在に気づいたことも大きな経験になりました。

これほどの大きな事態でなくても、日々の小さなことを子どもに決めさせると、子どもに自信がついていきますし、自己肯定感も上がっていきます。またやり抜く力（グリット）も育まれます。

子どもがくじけそうになったときは、どうしてその選択肢を選んだのかを思い出させて応援してあげるといいでしょう。

「自分で決めたんだから、やりなさい」と押しつけるのではなく、そうすることで、どんな結果にたどり着くのか、どんな気分になるのかを思い出させて、自らの意思で自分の選択をまっとうできるように導くのです。

⑨選択肢を用意して、自分で決める力を育む

自分で決めるということで言えば、我が家では、幼い時期から子どもに自分で決める力を訓練するため、おやつから着る洋服まで選択肢を娘に与えて自分で決めさせていました。娘も、小さな頃はおかしなコンビネーションの服を選ぶこともありましたが、私は文句を言いませんでしたし、直すこともしませんでした。

また、全部を選ばせるのではなくて選択肢を与えたのは、何でもいいことにすると、子どもはまるで大海原に放り出されたように感じて、何も決められなくなるからです。「自分で決める」という力を訓練するためにも、小学校に上がる頃までは、３つ程度の選択肢を与えるのが最適でしょう。

自分で選ぶことは、自主性や想像力、好奇心、自信など、さまざまな力を育みます。

⑩やってあげるのではなく、手本を見せて手伝う

娘が通ったボーヴォワール校での基本は、「教えるのではなく、手本を見せて子ども自らが答えを導く手伝いをする」ということでした。教えた方が効率良く思えますが、自分で答えを見つけたという喜びは非認知能力を育みます。

そのため、我が家でも教えるのではなく「手本を見せる」ことを徹底しました。子どもは発達段階にあるため、できないこともたくさんあります。大人から見るともどかしいも

のですが、この時期に手本を見せるという形で手伝うのは重要なことだと思っています。
一定の年齢になれば必ずできるようになることでも、その過程でうまくできずに、あまりにもフラストレーションが溜まっているようなら、自己肯定感を下げてしまいかねません。そんなときはじっと見守るのではなく、親が少しだけ介入します。

「ちょっと見ていてね。こうするといいんだよ」とか、「あ、これはまだちょっと難しいかな？　おててが小さいものね」などと言いながら、お手本を見せたり、手を取って導いてあげたりします。子どもが何かできたら一緒に笑顔で喜びましょう。

靴ひもやボタンかけなど、2、3回手本を見せれば、子どもは面白がってどんどん試していきます。そして自分でできるようになったときには、自己肯定感を感じるのです。

大切なのは、「やってあげる」ことではなく、「手本を見せる」「導く」ことです。

そして、それがどんなに下手な出来だったとしても、親がやり直さないようにしましょう。やり直せば、子どもの自尊心は傷ついてしまいますから本末転倒です。

もちろん、正しい言い方や正しい書き方を覚えることは必要ですが、子どもが小さなうちは、それほど重要なことではありません。

スペルなど直せなかったらどうすればいいのでしょう？　これこそ非認知能力を高める機会です。

まずは我慢。親はじっくり見守りましょう。子どものその間違いは本当に重大なことですか？　そうでなければ放っておきましょう。そのうち自分で間違いを発見していきます。もし大変な間違いで、なかなか直せなかったら、子どもの自尊心を傷つけないように、「こういうやり方もあるよ」などと指摘します。正しい言い方や正しい書き方をしてある本を一緒に読んだりして、子どもに発見させる方法もあります。

子どもが自分で発見するからこそ、非認知能力が育つのです。親からの強制では、せっかくの非認知能力を高める機会を無駄にしてしまいます。

⑪子どもの感情が爆発したときは、子どもを責めない

ネガティブな感情を爆発させてしまうことは、大人でもあることです。そういうときにはひどい自己嫌悪に陥りますよね。

子どもなら、なおさらです。自分でも何が悪いのかわからないけれど、とにかくイライラして何もかも思い通りにならず、感情を抑えられなくなるときがあります。そんな自分も自分なのです。ですが、そんなとき子どもは「自分はダメな子だ」「もうダメだ」と思ってしまうのです。

そうした状況で子どもを叱るのは逆効果です。

我が家でもそういうことはありましたが、まずは「あなたは大丈夫。ダメな子なんかじゃない」という親の愛と安心を伝えるために、強く抱きしめて落ち着かせました。しばらくして子どもが少し落ち着いたら、フィーリングボードの中から当てはまる感情を選ばせました。

ゆっくり話しながら、どうして感情が爆発したのかを聞いていくのです。それは怒りかもしれませんし、イライラかもしれませんし、焦りかもしれません。そこまで爆発するということは、いろいろ複雑な感情があったのでしょう。

そして子どもに、「今日は〝イライラ君〟が来たんだね。この次に〝イライラ君〟が来たときはどうしようか？　今日みたいに大きな声を出すんじゃなかったら、どんな方法があると思う？」と聞いて、次回への対策を一緒に考えるのです。

これを繰り返すうち、子どもは自分の感情を正確に知ってありのままの自分を受け入れ、自分の感情をコントロールできるようになっていきます。自分で対処法を学び、自分への信頼と自信を高めていくのです。自制心も育ちます。

ですから、感情の爆発はけっして悪いこととは言えないのです。むしろ非認知能力を育てる重要な機会だと捉えましょう。

⑫あるがままの子どもを認める

子どもは、親の従属物でもコピーでもありません。大切なのは、自分の子どもの本当の姿を知ることです。そのためには子どもの個性を尊重し、好きなことを応援すること。話をよく聞いて観察し、子どもを認めることです。

子どもの頃私は「勉強だけしていればいい」という環境で育ちました。1970年代の高度成長期で「いい大学＝いい人生」という風潮でしたから、当然といえば当然です。でも、当時の私は学校の勉強にはあまり興味を持てませんでした。私が好きだったのは音楽や演劇です。しかし、それは勉強の邪魔になるということで認められませんでした。

そのため、私は自分から大好きな音楽や演劇に関することすべてをやめました。すると、他の何をする気力も湧かなくなり、無気力な子どもになってしまったのです。

もしもあのとき、私のパッションを否定するのではなく、理解して応援してもらえていたら……そう思わずにはいられません。もっと気力に溢れ、やらないといけない勉強もやっていたような気がします。

その子にとって大切なことが、たとえ親の価値観や世界観と合わなくても、子どもをありのまま認め、応援する。これは、子どもの自己肯定感を育む上で一番大切なことです。

子どもの心を「繭で包むように」育てる

子どもの自己肯定感を高めるために家庭でできることを見てきましたが、これらはすべて、子どもの「心」を守るということです。子どもの心を守るのは非認知能力育児の基本であり、それをできるのは親だけなのです。

娘が通うことになったボーヴォワール校ですが、実は娘はここ以外の学校にも合格していました。私たちが選ぶ決め手にしたのは、この学校の校長先生の一言でした。

「私たちの仕事は、子どもが自分を発見し、それぞれのペースで成長していくお手伝いをすること。そのために、私たちは子ども一人一人の心を繭で包むように接します」

壊れやすい子どもの心を、優しく繭で包むように育てる。なんて素敵な言葉でしょう。その子らしさを大切にするためによく話を聞き、その子の気持ちを優先させる。そうやって自己肯定感と自信を育み、次のステージに送り出すのです。そしてこの学校は、本当に娘の心を繭で包むように優しく、そして大きな愛と関心で教育してくれました。

我が家では、娘には一切「あなたは特別な子」とは言いませんでした。子どもは皆、親にとって特別な存在です。でも他人にとって同じように特別かといえば、それは違います。

その代わり、毎日のように「あなたはパパとママにとって、一番大切な存在」と言葉に出していました。子どもは自分の存在を認められ、愛されていると実感することで自己肯定感を育んでいくのです。特別だから自己肯定感がアップするのではないのです。ですから、この一言は娘の心を繭で包むための私と夫の日課のようなものでした。それくらい、私たちが大切だと思っていた一言です。

たとえ他人からどんな評価を下されようが、自分は親にとって一番大切な存在なのだという確信は、揺るぎない自信につながります。親から最大に愛されていること、それは子どもの自己肯定感を育むために非常に大切なことなのです。

世間体より大切な子どもの気持ち

子どもが自分の思い通りにならないと思ったときは、思い出してください。大切なのは、子どもの気持ちを優先させるということです。

「世間体」という言葉は日本ではよく耳にしますが、アメリカにはありません。あえて言うなら、「keeping up appearances」（体裁を整える）でしょうが、コメディのタイトルくらいでしか聞いたことがありません。それほど、アメリカ人にとって「自分が人からどう見えるか」は、あまり関心のないことなのです。

それと同様に、親にとって一番大切なのは「この子が自分の子としてどう生きるか」ではなく、「この子は自分の人生をどう生きるか。親である私たちは、そのために何ができるか」ということ。親が思い込みを押しつければ、たいていは「思い通りにならない」ということになります。そして、言うことを聞かない面倒な子だと思うことになるでしょう。

しかし、そんなときは思い出してほしいのです。私たちが育てているのは、自分とは違う一つの個性だということを。

医者の子どもだから、医者にならないといけないのでしょうか？　弁護士の子どもは弁護士になるのが幸せなのでしょうか？

子どもの心がそこになければ、その子がたとえ医者になろうが弁護士になろうが、けっして幸せにはなれないでしょう。

親の自分の思いは置いておいて、まずは子どもの声に耳を傾け、全力で応援することが大切です。医者や弁護士の子どもがダンサーになって、いったい何が悪いのでしょう。

世間体が悪いと思うなら、それは子どもの問題ではなく、親の問題です。親の問題を子どもに押しつけることは罪なことです。子どもの非認知能力を低くしてしまいます。

なぜなら、子どもは親の思い通りになれない自分を嫌悪し、罪悪感でいっぱいになってしまうからです。子どもにとって親は命綱です。親に愛されなければ死んでしまうため、赤ちゃんの頃から必死で親を愛してきたのです。だからこそ、自分の思いがあっても、親の気持ちを優先させようとして子どもは苦しみます。

子どもの心を自由にするためにも、親は思い込みを押し付けないことです。そして、子どもの個性が何であれ、それをあるがままに受け入れることです。

2 親自身の自己肯定感を高める

親の幸せも不幸も、子どもに「伝染」する

子どもの自己肯定感を高める努力をすることは大事ですが、同じくらい大切なのは、親自身が自己肯定感を高めることです。なぜなら子どもは親を手本とするからです。自己肯定感が低くストレスを抱えた幸福度の低い親なら、そんな姿は伝染してしまうでしょう。

ここで一つある研究をご紹介したいと思います。それは親のストレスは子どもの脳の発達に大きな影響を及ぼすというものです。

イギリス・エセックス大学の社会経済研究所のジョン・アーミッシュ教授らが発表した2011年の調査によれば、子どもの満足度は両親との関係、特に母親の幸福度と明らかに関係しているそうです。

4万世帯に対して行われたこの調査では、数年にわたって、10〜15歳の子どもが自分の生活にどれだけ満足しているかを尋ねました。

その結果、両親がいる場合、「夫婦関係が円満であること」も大切な要素になりました。母親が夫婦関係に不満を持っている家族では、家族の状況に満足している子どもの割合は55%で、母親が夫婦関係に幸せを感じている家族より20%近くも低いものでした。

アーミッシュ教授らは、この調査で判明した「もっとも幸せな子ども」は、両親と一緒に暮らしており（個人的には、両親と一緒だろうがそうでなかろうが、家族が良好な関係を築いていることの方が大切だと思っています）、家族と一緒に週3回以上の夕食を食べ、母親が幸せを感じている家庭の子どもたちであると結論付けました。

母親の幸福度が下がった場合、もっとも不利益を被るのは子どもの幸福度なのです。

しかし、子どもを持つ親、特に母親にとって、子育てをしていると、自分の子の人生の責任を一身に背負っているようなストレスやプレッシャーを感じてしまうことがあります。

もしも自分が間違った育て方をしたら、この子の人生は取り返しがつかなくなるのではないか、そんなふうに不安になることもあるかもしれません。

でも、そういうプレッシャーを強く感じ過ぎると、子育てを楽しめないどころか、イライラしたり、自信がなくなったりしてしまいます。そうして自己肯定感は下がりストレスを感じて幸福度も下がり、それが子どもの脳に悪影響を与えてしまう。何という悪循環でしょう。でもこれは子育て中の母親なら誰もが経験することではないでしょうか。

私にも、子育てに自信を持てず、大きなストレスを抱えている時期がありました。

娘が４歳頃、初等学校に入る前だったと思います。

家族でどこかへお出かけしたときでした。地下鉄の車内で、私はささいなことで娘にきつく当たってしまったことがありました。娘が悪いことをしたわけでもなかったのに、娘を睨みながら意地悪な言葉をかけてしまったのです。

すると近くにいた、見ず知らずのおばあさんが私の言葉を咎めてこう言いました。「ねえ、あなた。この子は何も悪くないじゃないの！　なんて母親なの！　恥を知りなさい」

実は、自分でも自分が間違ったこと、良くないことをしているのはわかっていました。なぜなら娘が今まで見たことのないくらい、悲しそうな顔をしていたからです。子どもにとって母親から嫌われるというのは、それだけ衝撃的なことなのです。

私は、ひどく後悔しました。いったい私は何をしているんだろう。私は娘を愛していて、大事に育てなければいけないとあれほど思っていたのに、一番してはいけないことをしてしまった……。結局のところ、私は自分のイライラを娘のせいにしていたのです。

私はすぐに娘に謝り、二度とこういうことはしないと誓いました。


子育ては楽ではありません。誰でも、「間違った子育てをしてはいけない」というプレッシャーを感じ、それゆえストレスや限界を感じてしまうことがあると思います。子どもに当たってしまうこともあるかもしれません。完璧な親などいないのですから。

そんなときにもっとも大切なことは、間違ったことをしたら、親もまず謝ることだと思います。そして二度としないことです。

そうすれば、子どもはわかってくれます。幼い子どもは皆、親に対して驚くほど許容範囲が広く、愛に溢れています。

でも、親はけっしてそれを利用してはいけません。自分の間違いを謝り、二度としないことが大事です。私は娘にかわいそうなことをしてしまいましたが、その経験があったからこそ、それ以来、娘に当たることは一度もありませんでした。

そして、私はじっくり考えました。このイライラの原因は何だろうと。なぜ、私は今、自信が持てず、毎日ストレスばかり感じているのだろうかと。

当時の私は不安や自分に対する失望や人生への焦りが極限に達していて、どうしようもないところまで来ていたと思います。それが娘に向かってしまったのです。そこで、自分を見つめ直し、ありのままの自分を評価し、好きになれるよう自己肯定感を高めることが必要だと実感したのです。

母親につきまとう不安の正体

当時の私は、常に大きな不安と焦りに追われていると感じていましたが、私を不安にしたものを分析してみると、以下のような思いでした。

①「自分のために時間を使ってはいけない」という強迫感

母親は子どものために自分のすべての時間を捧げるべきだと思い込んでいたので、自分の時間はまったく持てませんでした。

②「自分はきちんとやれていないのではないか」という自信のなさ

自分は母親としてちゃんとやれているのか、常に自信がありませんでした。完璧を求めていたのです。

③「もっともっとやれるはずだ」という焦燥感

母親の仕事には限りがありません。どこまでやっても、もっとやれるのではないかという気がしていました。

④「皆と同じにやれているか」という不安

日本人である私は、アメリカで浮いているのではないかと不安になり、特に娘が生まれてすぐの頃は、アメリカ人・アメリカ社会と同化することばかり考えていました。

⑤「私は誰?」という自己喪失感

母親業に忙殺され、自分のアイデンティティを失ったような感覚に襲われていました。

頑張るお母さんが陥りやすい「スーパーマザー症候群」

当時を振り返ってみると、自分自身に厳し過ぎたために、大きなストレスを抱え込んでいたのだと思います。完璧主義になった私は、自縄自縛の状態に陥っていたのです。

常に頑張っているお母さんが陥りやすいこうした状態は、「スーパーマザー症候群」と呼ばれています。この状態に陥った母親は、家事も育児も、ときには仕事も完璧にこなそうとします。周囲の、そして自分の思い込みから「こうあるべき」というプレッシャーを強く感じ、何でも完璧にやろうとして自分らしさを見失ってしまうのです。

私自身、娘が生まれてからの2年間は専業主婦として過ごしましたが、母であることに誇りを感じると同時に、大きな責任も感じていました。子育てでは絶対に間違ってはいけない、やり直しはきかないと自分に大きなプレッシャーをかけていたのです。

後に仕事をはじめてからは、子育てもキャリアも完璧にこなさなければいけないと感じていました。こうした自分の思い込みが、さらに自分を縛り、追い込んでいたのです。

さらに、家事や育児で手一杯の母親は自分の時間が取れなくなるため、自分らしさを見失いやすくなる傾向もあります。まるで「自分」がなくなったかのように感じてしまうのです。だからこそ余計に母として失敗してはいけないと思い込んでしまうのです。母親としての評価＝自分という人間への評価、そんな風に思っていました。

母親自身が人生や子育てを楽しむことなく、自分自身にダメ出しをしている状態では、子どもと楽しく接することなどできません。

そう気がついた私は、「完璧」を目指すことをやめました。

周囲からはもったいないと言われましたが、当時成功していたギャラリーの仕事から時間の自由がきくコンサルティングへと仕事の形態を変え、自分の働く時間を半分に減らし、子どもと過ごす時間を増やしました。その分、収入は半減しました。主婦業にしても、もう少しお手伝いさんやサポートをお願いするようにしました。そのぶん出費も少し増えましたが、焦ったり、イライラしたりすることはなくなり、幸福度は増しました。そして家族の笑顔も増えたのです。

また、母親としても「完璧」を目指すことはやめました。

お母さんたちは、子どもにやってあげたいことはたくさんあるのに、時間も体力も気力も限られているため、全部できない自分にイライラしてしまうのです。

でも、私たち母親には、「やらない」という選択肢もあることを思い出すべきです。

やれそうなのにやらないことは、まるでダメ親のような気がするかもしれませんが、本当に全部やらないといけないことでしょうか？　やらないと決めることはイライラ解消の第一歩になるのです。そして、自分に完璧さを求めなくなると、不思議と子どもに対しても完璧さを求めなくなり、以前は気になったことも、「ま、いいか」と思えるようになりました。すると、精神的に余裕が出てきて、娘との関係も劇的に良くなったのです。

１００点満点ではなく、80点で十分！　心からそう思えるようになりました。１００点の日はないことがほとんど。だからほぼ毎日のように「ダメだなあ」と思っていたのが、

80点なら達成できる日がたくさんあって、そんなたくさんの達成感と自信は私の自己肯定感を確実に高めてくれたのです。

娘が2歳の頃、こんなことがありました。

「もう2歳になったから、哺乳瓶はやめてカップから飲もうね」と言って、ある日私は娘から哺乳瓶を取り上げました。すると娘はミルクを一切飲まなくなってしまったのです。

今から思えば、年齢に関係なく、美味しく満足して飲んでいるのだから哺乳瓶を与えておけば良かったと思うのですが、当時はどうしても「完璧な母親」の呪縛があり、そんな年齢で哺乳瓶を与えるなんて恥ずかしいと思っていたのです。そう、〝体裁が悪い〟し、「ダメな母親」のレッテルを貼られるような気がしていました。

ミルクを飲まなくなった娘が心配になり、病院へ連れていくと、先生にあっさりこう言われました。「嫌いなら、別に飲まなくてもいいんですよ。代わりになるもので、何か好きなものを探してあげてください」

娘はそれからミルクの代わりにカルシウム入りのオレンジジュースを飲み、チーズを食べて育ちました。それでは母親失格だという方もいるかもしれません。でも私の母親失格はそこではなく、年齢にこだわって子どもの気持ちを無視した点だと思っています。

子どもが気に入って飲んでいるなら、それで良かったのです。いつまでも哺乳瓶を口にして歩く子どもはいませんから。当時の私には、そんな気安さはありませんでした。

でも、反省して代替案を見つけてからは、ミルクのことは一切忘れることにしました。気がついたら、いつの間にか娘は自然にミルクを飲むようになっていました。

ちなみに、その期間ミルクをまったく飲まなかったことはハンデにもならなかったようです。何しろ身長１５４cmの私から生まれた娘は、１６７cmまで成長したのですから。それに虫歯もゼロです。

それは本当にやらなきゃいけないこと？

忙しくてイライラしている親が一番にすべきことは、寝ずに働くことでもなく、子どもをほったらかしにすることでもなく、自分の「やることリスト」を見直すことです。

私たちは「自分はもっと効率良くいろいろなことをこなせるはずだ」と思い込んでいますが、実際には自分で思うほど効率的に作業をこなせるわけではありません。結果的に「やることリスト」は常にオーバーワーク気味になり、追い詰められてしまうのです。そうするとできないことがたくさんあって、ダメだなあ、の連続で自己肯定感は確実に下がります。

だとすれば、一人の人間がやる仕事の量を減らすしかありません。たとえば、妻が家事をする量を減らし、夫にも分担してもらうのです。外注、または手抜き、それも一つの方法です。

２０１２年に国際社会調査プログラムが実施した「家族と性役割に関する意識調査」では、妻子のいる男性が普段どのくらい家事をするかを国際比較していますが、日本男性の家事分担率（18・３％）は実施した33カ国のうち、もっとも低いものでした。上位の北欧諸国は男性の家事分担率が４割を超えているのに対し、２割に達していないのは日本だけ。やはり、日本の男性はもう少し家事や育児に協力すべきだと思います。それに協力しないなんてもったいない！　その理由は後ほどご説明しますね。

でも、そもそも母親が「やらなければいけない」と思っていることは、本当にやらなくてはいけないことなのでしょうか。

たとえば、部屋が乱れているのは、そんなに悪いことでしょうか？　一汁三菜は本当に必要ですか？　昨日と同じ食材ではだめでしょうか？　子どもがピーマンを食べないのは、そんなに悪いことですか？　子どもの服にちょっとくらいシワがあるのは、そんなに恥ずかしいこと？　それらは、あなたの思い込みに過ぎないかもしれません。

家が少々汚れていても死んだりしません。でも、幸せな笑顔のお母さんとのひとときを十分に味わえない子どもは、精神的に弱くなっていきます。「片づけて！」と子どもに怒鳴る代わりに子どもと一緒に遊んで、終わったら一緒にさっと片づければいいのです。私の友人のシングルマザーは仕事をしながら3人のお子さんを育てていますが、彼女は整理整頓された空間よりも体にいい食事を選び、お料理に時間をかけているそうです。そして週末に子どもたちと一緒にお片づけをするのだとか。

やらないというのは、「失敗」でも「負け」でも「怠け」でもなく、立派な選択肢です。やらない代わりに何をするのか、それが明確なら問題ないのです。

以前、私が「夕飯は15分クッキングです」と言ったら、ある方に「それは母親業主婦業をまっとうしていないのではないか」と言われたことがあります。

でも、私は凝った夕飯をつくるよりも時間をかけないことを選びました。一日の時間は限られていますから、その代わりに娘のバレエの送り迎えを徹底することにしたのです。毎日往復2時間でしたが、車の中で一緒にいる時間は「宿題をやっているから静かにして」と言われようが、私にとっては娘との大切な時間だったのです。

今はオーガニックの冷凍野菜も多々ありますし、肉も小さく切れば、あっという間に焼き上がります。味と栄養は家族の保証付きでしたから、それでいいと思っています。

また、我が家では、洗濯は週1回と決めています。洗濯にかかる時間がかなり軽減されますから、乾燥機は必需品です。また、極力アイロンがけの必要ないものを購入して、着用するようにしています。

室内では乾きやすいジム用の服をよく着ていました。どうしても必要なものはクリーニングに出しますが、夫のシャツやスーツ程度ですから、それほど高額にはなりません。

おやつも別に手づくりでなくてもいいでしょう。働いているため、そもそも手づくりのお菓子は無理なのですが、お菓子を焼こうと思ったときは仕事ではなく、「遊び」として娘と一緒にやっていました。娘に計量を任せ、娘主導でつくった方が私がするよりたいていおいしくなるのです。

よくそう話していたので、娘は、ママが苦手なものを自分が助けられると感じていたようです。今では手づくりのデザートは娘の担当で、私はさっさとお役御免になりました。

「やることリスト」からあえて1、2個残す

自分のやるべきことについていろいろ考えた末、私はこう決めることにしました。

たとえ「やることリスト」にやることを10個書いたとしても、全部はやらないこと。むしろ1、2つ残したら、自分を褒めてあげよう。だって、8割はできたのだから。全部やらなきゃいけないと思い込むスーパーマザーにならずに済んだのだから！

そう思うようになると、「本当にやらなければいけないこと」と「やらなくてもいいこと」を分けて考えられるようになりました。そして「やらなくてもいいこと」は極力やらず、その分、心の余裕を持って家族に優しく接することができるようになったのです。

ノートに今自分がやっている家事や育児、そして仕事での作業を書き出してみましょう。そしてそれを「やらないといけないこと」と「やらなくてもいいこと」の2つのリストに振り分けます。そして今度は「やらないといけないこと」からさらに2割ほど「やらなくてもいいこと」を見つけます。リストを眺めてみると自分がどれほど多くのことをやっているかに驚くことでしょう。自分でやらなくていいこともたくさんあります。そんなことを見つけたら、今度はそれを手伝ってくれる人を見つけてみるのはいかがでしょうか？

私の「やらなくてもいいこと」は、たとえばこんなことでした。

家事・レシピ本を見てつくるような凝った夕食

・常に新鮮な食材を調達（冷凍食材でもオーガニック素材を使えばＯＫ！）

・アイロンがけ（アイロンがけの必要のない服を買う）

育児・娘の学校の準備（すべて本人に任せる）

・学校のベイクセール（親がクッキーやケーキを持ち寄り売るイベント）用に自分でお菓子を焼く（これも買えばいい）

仕事・残業（午後3時以降は仕事をしない）

・仕事や社交関係のイベント（週に最大3つまでにする）

私が家事や育児でこうしたことをやらなくても、家族が文句を言うことはありませんでした。それに、娘には私の「やらない」理由をきちんと説明しました。子どもは説明すればわかってくれますし、自分は説明されるに値する大切な存在なのだと思えるのです。

実際のところ、家族にきちんと言えばわかってくれることも多いのに、自分ができないことを自分で認めたくないから言わないという人もいるのではないでしょうか。でも、何でも完璧にやろうとすると、精神的な負担も大きくなってしまいます。そうすると自己肯定感は確実に下がります。

また、苦手なものは苦手と認め、無理してやらなくてもいいと思うようにしました。私は実は料理があまり好きではありませんが、夫と娘は料理が大好きです。完璧主義に陥っていた頃は自分が全部つくることにこだわっていましたが、だんだん、休日は夫や娘に任せるようになりました。今では休日はほとんど夫が、日曜の朝食は娘がつくってくれます。また、前にも書きましたが、私は夜10時半から朝7時半までを「ママ終業時間」にしていました。もちろん緊急の場合は別ですが、やってほしいことやお願いがあったら、その時間までに言うことをルールにしていました。

子どもを最優先させるのはもっともですが、それで心も体も疲れ切ってしまい、自分を見失ってしまったら本末転倒です。ですから私は、ママ終業時間が来たら、自分を最優先させることにしたのです。

母親といっても人間ですから、どうしてもイライラしたり、ストレスが溜まったりすることもあります。溜め込めば、いつか必ずこぼれ出てしまいます。だから私は、その前に「健全な吐け口」を用意して、全部出し切ってしまうことにしています。

私の場合は、車の中で思いっきり大声で叫ぶこと。誰にも聞かれないし、大声を出すだけでスッキリします。友人の中には、紙になぐり書きしてビリビリに破る、という人もいます。女子会（Girls night out）を開く人もいます。美味しいワインやシャンパンを友人たちと傾けながら、たわいもない話をして日々の嫌なことを忘れるのです。

方法は人それぞれ。イライラの健全な吐け口を決めておくことは、とても大切です。

夫を最大の協力者にする

今、日本では「ワンオペ育児」が問題になっています。

しかし、これほど大変なことはないでしょう。もしも自分が倒れたら、子どもを見る人がいないという切迫感、子育てに対するイライラの吐け口のなさ、頼れる人がいないという一人ぼっち感、自分が間違っているかもしれないという不安と自信のなさ……。一人で育児をする人は、常にこうした精神的苦痛とも闘っているのです。

今は核家族が普通ですから、そこに一日中帰ってこないパートナーが加われば、女性はあっという間にワンオペ育児の状況に陥ります。そして、そこに仕事も加わったら？

考えただけで震えが出るほど、大変なことです。

ワンオペに陥らないためにもっとも大切なことは、パートナーに育児の大変さを共感してもらうことです。そして、パートナーにもできることは手伝ってもらうこと。また「できない」「やらない」ことを理解してもらうことです。

私の夫は、確かに家事も育児もたくさん手伝ってくれました。おそらくフィフティ・フィフティというくらいに。

でも、夫がしてくれた一番のサポートは、私の話をきちんと聞いてくれることでした。その際、夫は私の愚痴やイライラを一切批判せず、「そうだよね、わかるよ」と言って何時間でも聞いてくれたのです。これは夫が妻に対してできる最大の支援かもしれません。常に子どもの世話に追われる母親の精神面を理解することも、父親は求められています。そのためには、妻は夫を「敵」ではなく、最大の協力者にする必要があります。気持ちが煮詰まっているときは「敵」に見えてしまうこともありますが……。

夫とは、意識して週1回のデートを実践していました。ときには30分だけということもありましたが、母親ではなく一人の女性に戻って甘える時間も必要だと思ったからです。別にロマンチックでなくていいのです。この時間が夫へのSOSの時間になったこともありました。大変な育児の実情を夫に聞いてもらえるだけで理解してもらえたように感じ、私自身の夫への気持ちが優しくなったりもしました。

でも、こうしたときに気をつけなければいけないのは、「あなたは何も手伝ってくれない」と批判的になったり、相手を執拗に責めたりすることです。口喧嘩になってしまう可能性もあって逆効果です。

それよりも、「本当に大変なの」と甘える方が効果的ではないでしょうか。実際、夫はそんなとき私の話に強く共感してくれました。

子どもができて私が最初に忘れてしまったのは、夫に甘えるということでした。何でも自分が仕切っている感覚で、夫に対して命令口調になっていることすらあったのです。でも夫は妻の最大の協力者。妻の側も少し意識を変える必要があるかもしれません。

育児に参加しないのは「失われた機会」

最近のアメリカでは、育児に積極的に参加する男性が増えています。その理由をいろいろな男性に聞いてみると、面白い意見が出てきました。まず彼らは、育児に参加しないことを「失われた機会」と捉えているということです。20年近く一緒の屋根の下で暮らすことになる自分の子どもをまったく知らずに過ごすのは、「大切な機会を無駄にしている」ということなのです。

育児に参加することで見えてくる我が子の素顔。その子が何を考え、何を感じているのか。それを知ることは育児に参加する喜びを大きくしてくれると語る男性は複数いました。

我が家の夫は、私が「ダメ主婦」だったこともあって最初から育児に参加してくれました。何しろ、お医者さんが生まれたての娘を私の胸にポンと置いてくれたときの私の第一声が「えー、どうすればいいの！」だったのですから。物理的に一緒に過ごす時間が多かった娘と夫は大の仲良しで、さまざまな喜びを共有しています。

子どもとのかけがえのない絆は、時間をかけて一緒に時間を過ごすことで培われます。これは、父親の人生最高のご褒美ではないでしょうか？

出世街道もいつかは終わります。でも子どもとの絆は一生残る宝。誰にも奪うことのできないものです。そんな素敵なことをみすみす逃すなんて、本当にもったいないですよね。

家族以外の人間関係

ママ友は素晴らしく、ときにありがたい存在ですが、ときに難しい存在にもなります。というのも、それをつなぐものが子どもだからです。だから話の内容はどうしても子育てに集中します。そうして「え、そんなこともうやっているの？」とか「うちはまだそんなこともできない」などどうしても子ども同士を比較してしまうのです。またお互いの関係は良好でも、自分の子どもと相手の子どもの能力に差がある場合、うまくいかないことや、モヤモヤとした関係になってしまうこともあります。

でも、ママ友は自分の生活の一部に過ぎません。そこだけに友人関係を集中させてしまうと、そこがダメになったとき、一人ぼっちになってしまいます。また、人間関係が子どもを通したものだけになってしまいます。それはあまり健康的ではありません。

それに、こちらはどんなに比較するのをやめても、夫の地位や仕事、生活環境など、比較をやめられない人もいます。

ですから、他の分野にも友人関係を広げてみることをおすすめします。趣味や好きなことなど、多方面でつながっている友人がいるのは有意義なことです。

あなたの好きなことは何ですか？　学びたいと思っていることはありませんか？

交友関係も、想像力と行動力で広げることができるはずです。

親戚関係も、うまくいっていないと大きなストレスになります。

アメリカ人は家族関係が希薄かと思いきや、意外と保守的で濃いことには驚きました。我が家でも毎年クリスマスは夫の家族と一緒に過ごします。義理の家族は面倒なこともない、いい人たちですが、赤の他人ではない分、互いに気遣いが足りなかったりすると、気まずくなることもあるかもしれません。義理の家族と良好な関係を築いておくことは、心の安定を考える上でも大切なことです。そのため、私はこのようなことを守っています。

・義理の家族宅滞在はなるべく短くする

・可能なら、近くのホテルに泊まる
・夫は自分の味方と考える。嫌なことがあったらまず必ず夫と話す
・必要な場合は、夫から相手に話してもらう

また、何かあれば私は夫に相談しますが、家族や親戚の中にも、何でも話せるメンバーを一人でも見つけておくと心強くなります。

私の場合は夫の姪ですが、私と同い年で、仕事と育児を両立させている彼女とはとても話が合います。遠くに住んではいますが、何かあったら相談相手として夫の次に真っ先に選ぶ人です。いえ、内容によっては夫より先かもしれません。実は、夫と喧嘩したときに真っ先に電話するのは彼女なのです。

伝染する幸せ

普段から自分が付き合う人を選ぶことは重要です。なぜなら、「類は友を呼ぶ」といいますが、幸せは実際に「伝染」するからです。

イェール大学のニコラス・クリスタキス教授（医学部・教養学部教授）は、「幸福感は他人に伝わりやすく、家族や友人などの社会集団の中でさざ波のように広がる」と英医学誌『ブリティッシュ・メディカル・ジャーナル』に発表しました。

この研究によると、他人の感情は同居人よりも隣人や友人からの方が伝染しやすく、幸せな友人が１マイル（１・６㎞）以内に住んでいれば、自分も幸福感を感じる可能性は25％増加します。また、同居人が幸せな場合は８％、近くに住む兄弟姉妹の場合は14％、隣人の場合は34％増加するというのです。

非常に面白い研究結果ですが、実際に人から幸福感がうつるのであれば、普段から、なるべく幸せな人と触れ合う機会を増やすことが大事ですよね。

私も、なるべく楽観的で前向きな人と触れ合うようにしています。ネガティブな人との付き合いが避けられない場合は極力、一緒にいる時間を減らすか、代わりにポジティブな人を周りに増やすようにすればいいでしょう。また自分に対して好意的な人と過ごすようにし、自分に対して好意的でない人とは、できるだけ一緒にいないようにしています。

さらに、自分のテンションや運気を下げるようなネガティブな言葉には、可能な限り、耳を貸さないようにしています。

自己肯定感をアップし、周りからのストレスを軽減し、どんなときにも、自分にとって幸せを感じられる環境を選ぶことが大事なのです。

第5章のポイント

- 自己肯定感が高いと、何事にも自分から前向きに取り組んでいくことができる
- 親が子どもの本来の姿を受け入れず、子どもの存在を否定したり、完璧主義で押さえつけたりすると、子どもの自己肯定感が低くなる傾向がある
- 人と比べるのではなく、昨日の自分と今日の自分を競わせる
- 親の幸せも不幸も、子どもに「伝染」する
- 母親の幸福度が下がった場合、もっとも不利益を被るのは子どもの幸福度
- 「やらない」も立派な選択肢

第6章

「好き」を見つける

パッションは人生をかけがえのないものに

豊かな人生には「パッション」が必要

本書の最後に、子ども・母親のみならず、すべての人にとって幸せに生きるための鍵になることをお話ししたいと思います。もちろん子育てする上でも大変重要なことです。

娘の学校ボーヴォワールでは、基本的に子どもの勉強の内容を一人ひとりの「好き」や「楽しい」という感情から決めていました。なぜなら、それが人生を幸せと成功に導く非認知能力を育む入り口だからです。

好きだから、楽しいから、子どもは自分からやろうとするのです。もっと知りたい、もっとうまくなりたいと思うのです。失敗しても、もっと良くなるように自分で工夫するのです。そして好きなことをやっているときは自然と笑顔になります。そんなとき、自己肯定感が低いわけがありません。

そして、そこに「何のためにやるのか」という大きなビジョン（目的意識）が加わったとき、最後までやり抜く力や共感力が発揮されます。

人はいったい何のために生きるのでしょう。それは幸せを感じるためではないでしょうか。でも、自分だけが幸せでいいのでしょうか？　自分だけが良ければいいという人生は虚しいものです。自分の行動が誰かのためになり、誰かを笑顔にし、より良い社会のために役立つ――そんな大きなビジョンを持ったとき、人はより大きな幸せを感じるのではないでしょうか。

自分が情熱をかけられるもの。何より大好きで、夢中になれるもの、そしてそれは自分以外の誰かのためにもなる――それが「パッション」です。

パッションがあれば、くじけそうになったときも頑張ることができます。だって自分一人のために頑張っているのではないから。ダメだと思ったときも気持ちを回復させることができます。たった一人の戦いではないから。困難にぶつかったときも想像力と柔軟性を発揮して答えを見つけ、共感力で応援団を見つけ、歩き続けることができるのです。そんな人生を歩いていく強い心の子どもを育てたいと私は思いました。

だからこそ親の重要な仕事は、子どもが好きなもの、夢中になれるもの、心から楽しいと思うものを見つけ、サポートすることだと思ったのです。好きなことを親も一緒に楽しんだり、子どもがパッションを感じられる機会を増やしたりすることで、子どもの心はさらに豊かになります。

子どものパッションを探し支える方法

では、どうやって子どものパッションを見つけたらいいのでしょうか。

子どものパッションを見つけるために、我が家で気をつけていたことをご紹介します。

①さまざまなことに挑戦させる

まず子どもにいろいろな経験させることです。これは親ができる最大の贈りものかもしれません。またパッションを見つけるためには、子どもをよく観察することが大事です。この子は、どんなものに興味を持つのか。どんなときに頑張るのか。どんなときに悔しいと思うのか。そして、壁をどう乗り越えていくのか。

幼少期から我が子のことをしっかり観察しておく必要があります。

②いろいろな人に会う機会をつくる

まったく違うバックグラウンドを持つ人と接することで、子どもの世界も広がります。

③子どもの「フロー状態」を見逃さない

周りの音がまったく聞こえなくなるくらい、そのときしていることに完全に入りきり、極度の集中状態になることを「フロー状態」といいます（スポーツでは「ゾーンに入る」

ともいいます)。こうした状態のときは、集中力が増してパフォーマンスも上がります。

子どもがそんな状態になっているときは、そこにパッションを感じているときです。

私は子どもの頃から本を読むのが大好きで、学校で本を読んでいると、先生に名前を呼ばれても聞こえないほど集中していました。先生はそれを「反抗的」と受け取ったようで、通信簿では「言うことを聞かない」という評価をされてしまいました。

でも、考えてみれば、これほどの集中力はまさにフロー状態で、これは教えても学べるものではありません。ご家庭では、子どものこうした瞬間を見逃さないでください。

お子さんの名前を何度読んでも返事がないときは、「何をしているのだろう?」と好奇心を発揮して、観察してみてくださいね。

また、親や先生に言われなくても進んでやることは、たいてい子どもの好きなことです。

④見つかるまで探し続ける

スティーブ・ジョブズも、ある大学の卒業式のスピーチで語っています。

他人の人生を生きるな、もし好きなことが見つかっていないなら見つかるまで探せ、と。

そう、好きなことは、ある日突然、天から降ってくるのではありません。探さなければ見つからないものなのです。

⑤はじめ方、やめ方のルールを決めておく

見つかるまで探し続けるためには、いろいろなことをはじめなければなりません。そのためにはやめることも必要です。そんな中で「気に入らないとすぐやめる子」にしないためには、一定のルールを決めてやめることで、「そこまではちゃんとやった」という達成感を子どもに味わわせることです。我が家では、場合にもよりますが、たいてい3か月程度の期間を決めてから、娘がやってみたいというお稽古ごとを始めていました。そしてその期間が終わるまでは、どんなに嫌と言っても必ずやり遂げさせました。

⑥「何のために」という質問を習慣にする

私はいつも娘に「何のために、それをするの?」と聞いていました。

娘のパッションはバレエでした。小学生でバレエをはじめたとき、娘はよく「バレリーナになりたい」と言っていたものです。でも、それを自己実現の夢では終わらせず、我が家ではよく、「何のためにバレリーナになりたいの?」と聞いていました。

娘はこう語っていました。「キラキラしたきれいなものを見たら、皆が楽しい気分になるから」。美しいものは人の心を豊かにするため、美しい踊りを一人でも多くの人に見せてあげたいというビジョンを持っていたのです。

実際、2011年の東日本大震災後には、私の故郷である福島にボランティアに行き、被災地の子どもたちが安心して遊べるようにとつくられた施設で、バレエを習いたい子どもたちのために教えたりもしました。

心から好きなことがあると、それで誰かの役に立ちたいという感情が自然に湧いてくるものです。そこに義務感はありませんし、人生はさらに豊かに広がっていくのです。

娘は小さな頃から「何のために、それをやるの？」という質問を繰り返しされてきたために、自分の中で常に「何のためにやるのか」を考える癖がついています。「いつかこういうことをしたいから、今はこれとこれを頑張りたい」というように、単なる夢だけでなく、大きなビジョンをともなった夢を語ることができるのです。

このようなビジョンを持つことは、とても大事です。大きなビジョンが見えたとき、人ははじめてやりがいや生きがいを感じるからです。

中学生になった頃の娘の夢は、政治家になることでした。

それは、アメリカでもまだ平等とは言い切れない男女差別を解消し、もっと女性が輝ける社会にするために、政治家になって法制度を変えたいというビジョンからでした。

そして、大学生になった今では、ファイナンスのわかる政治家になりたいと言っています。投資界には女性が少なく、どうしても女性経営者への支援も少ないため、まずはそこで女性を応援できるようになりたいというのです。

「あなたは、何のためにそれがしたいの？」、「何のために、それをしているの？」。子どもに常にそう問いかけることで、単に「一番になる」とか「お金持ちになる」といった自己実現だけには終わらない、大きな目的意識を持つことを教えるのです。

よく「夢は大きく見なさい」と言いますが、それは別に大統領になるとか博士になるということではないと思います。大きな夢とはより良い社会に貢献するために自分には何ができるか？　というビジョンのある夢を見ることなのではないでしょうか。

娘にとってバレエはまさに心から楽しめるパッションでしたが、高校生の頃は毎日往復2時間かけてバレエのレッスンに通い、進学校の勉強と厳しいバレエのレッスンを両立させていました。でも、弱音を吐くことは一切ありませんでした。

パッションは心をポジティブにしますから、自己肯定感が上がり自信もつき、やらなければいけないほかのこともきちんと責任を持ってやり遂げることができるのです。

それが、パッションの力です。

あなたもぜひ、お子さんのパッションを探して、支えてあげてください。

心から楽しいと思えるものを持てた子どもの顔は喜びと幸せに満ちています。そんな顔を見ることができるのは、親の最大の幸せではないでしょうか。

親自身にもパッションが必要

親は、子どものパッションを見つけるためのサポートをする必要がありますが、親自身も、自分自身が心から打ち込めるものを見つけることが大切です。パッションは、その人にしかない「自分らしさ」が表れるものだからです。そして子どもは親の姿を見て育つので、口で「好きなことを見つけなさい」というよりも、親が自分の姿を通して「好きなことを持つ素晴らしさ」のお手本を見せる方が効果的だからです。

子育て中には、「もう自分らしく生きる時間はない」と思うこともあるかもしれません。でも、私たちは「親」になったのではなく、「自分」という人格に「親」という役割が加わっただけなのです。親である以前に、一人の人間であることを思い出しましょう。どんなに忙しくても、「自分」という人格を忘れてはいけません。

子どもはいつか親の元を巣立っていきます。そのときに自分の人生そのものがエンプティ（空っぽ）になってしまわないように、子育ての時期に自分の人生を見失わないことが大切です。私が強くそう思うようになったのは、アメリカの女性たちの働き方が関係しています。というのも、私がアメリカで見て一番驚いたのが、女性たちの人生の捉え方だったのです。

娘がまだ赤ちゃんの頃、私は専業主婦をしていました。慣れない主婦業と母親業とはいえ家族を作れたこと、家族の世話ができることに幸せを感じていました。あるとき、親子のイベントに出席して、知り合った人に何をしているのかと聞かれた際、私は「専業主婦(Stay at home mother)」と答えました。すると、周りからさっと人がいなくなってしまったのです。一瞬、何が起こったのかわかりませんでした。

不思議に思って周囲をよく見ていると、「専業主婦」と言う人はほかにいませんでした。たとえ私と同じように家で家事と育児をしている人でも「専業主婦」とは答えないのです。

その代わり、彼女たちはこんなふうに答えていました。

「いつか人種が関係ない学校をつくりたいから、学校のボランティアをしている」「病院で週3回のボランティアをしている」「外国人の子どもに英語を教えるボランティアをしている」……ワシントンDCの母親たちは、妻であり母であるという前に「自分は一体誰か」について話していたのです。専業主婦であることも自分だけど、それ以外の、母親や妻でない部分の自分もいる。そしてその自分は何をしているのか？　何をやりたいのか？　専業主婦で母親であるのはわかったから、それ以外のあなたを私は知りたい。みなさんそんな風に思っていたようです。だから、「専業主婦」以外に何もない私の周りから人がいなくなったのです。私には語れる自分がなかったのです。

ボランティアからアートの世界へ

そういう彼女たちの姿を見ているうち、私も、家事や育児のほかに、自分が一体誰であるか、何をしたいのか、どう生きたいのか、を探そうと思うようになりました。ワシントンDCのお母さんたちを見ているうち、自分というアイデンティティを持つことの大切さを知ったのです。また自分の人生があってもいいんだ、と思えたのです。

私が心から好きだと思えるもの——それはアート。

私は日本で大学を卒業した後、外資系企業に勤めていたのですが、30歳目前で「やっぱりアートの仕事がしたい！」と思い立ち、イギリスに留学してロンドンの美術系の大学院、サザビーズ・インスティテュート・オブ・アートに入学しました。

そこで私は現代美術史の修士号を取り、夏休み中にフランス語を勉強するために留学していた南フランスの語学学校で、後に夫となる人と出会ったのです。

その後、結婚して夫とアメリカに行き、娘を出産しました。

出産から2年ほどは、とにかく子育てで精一杯でした。この子を最高の環境で育ててあげたい、自分らしさを見つけて育てたいと願い、子どものことばかりにフォーカスして生きていたのです。

当時の私には、自分がやりたいことをするという考えは、まったくありませんでした。お母さんは、子どもの世話でかかりきりになるのが当然で、自分の時間など持てるわけがない。それに、自分のことなんて考えてはいけない、まずは子育てが最優先、他のことなど考えてもしてもいけない。そんな風に思い込んでいたのです。

アートが私の「好き」とはいっても、何から始めたらいいかわかりません。何より「自分には無理」といった思い込みで動きがとれなくなっていたのです。

それでも、周りのお母さんたちはとてもエネルギッシュに動いています。彼女たちは自分の人生のために、自分にできることから始めていました。

そこで私はまず自分の夢を見つめ、それを周りに話すことから始めました。

私の夢は、「いつかアートギャラリーを開く」というものでした。

娘が3歳になる頃には、「ギャラリーを開きたい」という夢を人前で話せるくらいにまでなっていました。でも、実際にそこから行動を起こせるまでには数年を要しました。

アートの世界でのキャリアもなく、アメリカのアート界に知り合いもいない私が何かをはじめるのは、それくらい大変なことでした。私はそれを言い訳にして、失敗を恐れ、行動を起こさないまま、ただ夢だけを語っていたのです。

そんな私の背中を押してくれたのは夫でした。彼は、どんなに小さくてもいいからまず一歩を踏み出すことの大切さを伝え、常に励まし続けてくれたのです。何よりも力になったのは、自分自身が信じられなかった私を、夫が「重子ならできるよ」と心から信じてくれたことでした。そんな風に自分の存在を認めてもらったことがなかった私に、夫の言葉は勇気をくれました。全幅の信頼と愛で支えられる。これほど安全な環境はありません。そんな環境だからこそ勇気が出たのです。また周りの女性たちの「とにかくやってみよう！」という、うじうじ考えるよりもまず行動する姿勢からも大きな刺激を受けました。

もちろん小学生になっていた娘も応援してくれました。何より、娘には一歩踏み出すことを躊躇せず、何でも挑戦できる人生を送ってもらいたいという思いもありました。それなら、手本を見せる立場にある母親がそうしないわけにはいきません。

そこで私は勇気を出し、小さな一歩を踏み出すことにしたのです。

ある日、私はある美術館を訪ね、スタッフの方にこう言いました。「何でもいいから、ボランティアをやらせてください」

すると、隅っこの小さな部屋に連れていかれ、はたきかけをするよう言われたのです。ロンドンの大学院で現代美術史の修士号まで取ったのに、隅の部屋ではたきかけ。しかもボランティアで……。出産前の私なら、やっていられないと思ったかもしれません。でも、そのときの私は、自分に拍手を送りたいほど誇らしい気持ちでいっぱいでした。私はそのときの自分にできる最大のことをしたのです。

その後、地道な努力が認められ、美術館のほかの仕事も任せてもらえるようになっていきました。私はそこでアートギャラリーを開くのに必要な知識を学ぶだけでなく、パーティなどにまめに出席して人脈を築いていきました。結果、コネも資金もない日本人の私が、アジアの現代アートギャラリーを開き、2年後にはブームが起きるまでになりました。

ボランティアの時期を、スキル磨き、経験値を積んで、人脈を築くための時期だと捉えてみる。好きなことのスキルを磨き、その間に誰かのためになるなんて、最高の生きがいの見つけ方、キャリア構築の方法だと思います。ボランティアで興味のある分野に飛び込んでみるのはとてもお勧めです。

宗教的な概念からでしょうか、アメリカではボランティアに参加する人がたくさんいます。特に学校や病院などでは、ボランティアの人たちがいなければ仕事がまわらないと思うほどです。日本でボランティアというと、よほど社会意識の高い人がやるものという意識や、少し堅苦しいイメージもあるかもしれません。

でも、日本も少しずつ変わってきたようです。最近では、育児休暇中の母親が一定期間ボランティアとして仕事を再開するという流れができつつあるそうです。

たとえば、育児のためにしばらくキャリアから離れてしまった母親が、ある期間だけボランティアとして登録し、自分の興味のある分野で仕事をしてみるという人材登録サービスもあります。キャリアアップや自分磨きにもなりますし、人脈づくりにもつながります。その間、家事代行サービスや子どもの保育施設、ベビーシッターなどを体験できるサービスなどもあって、本格的に仕事に就く前のお試し期間として、１日２時間程度の短い時間だけ仕事をするお母さんもいるようです。

まず、好きなことからはじめてみよう！

国連が２０１５年に発表した「人間開発のための仕事」の定義によると、人間開発の観点から捉えれば、仕事には、①有償の仕事　②無償の仕事　③ボランティアという、社会を良くする仕事　④クリエイティブなことや趣味など自分を育てる仕事、の４種類があります。私は仕事＝お金をもらう作業だと思っていました。だから家で家事と育児、つまり②のみをしていた私は「特に何もしていません。家で子育てしています」と言ってしまったのです。そんなときアメリカの母親たちは②以外の①③④などで自分を表現していたというのに。子育てしている自分が自分の全部じゃなくて、自分という人生がある。そして子育てはその一部。そう思うと何だか②だけじゃなくて他もやらないともったいないような気がしてきませんか？　やりたいことが見つかるまでいろいろなことに挑戦するいきいきしたママもあり！　です。

そして、もしもやりたいことが見つかったら、家事や育児を１００％にせず、小さなボランティアも含め、いろいろなことをして人生を広げてもいいのではないかと思うのです。そんなところから思わぬ交流が生まれたりして自分の人生を広げていく。それは子育てが終わったときに大きな力を発揮します。

「ママ」や「妻」というアイデンティティで終わらせず、自分自身の夢や個人的なアイデンティティを見つめ、そのための「仕事時間」を確保する。それは自分の幸せのために大切なことです。それでお夕飯が隣町の朝市で購入した新鮮な野菜の代わりに近所のスーパーで買ったオーガニックの冷凍野菜の炒めものになっても、まったくＯＫなのではないでしょうか？

親は、親になったからといって自分自身の人生を捨ててはいけません。なぜなら、ほかのことで自分の存在を証明できなければ、子どもの成功で自分の成功を測るようになってしまうこともあるからです。子どもがいい学校に入ることや、子どもの成功が自分の成功になってしまうのです。それは自分と他人、自分の子と他人の子との比較を加速させます。そしてますます自分の希望や思い込みを押しつけるようになってしまうかもしれません。また「親には親の人生がある」とわからせた方が、子どもは自分の人生を自由に選ぶことができます。相手には相手の人生があると思えれば、相手を尊重する気持ちも芽生えます。

人から批判されたときは、「So what?」の精神で

日本で講演した際、ある女性からこんな質問を受けたことがあります。

「自分のやりたいことをしたいと思っているけれど、誰かから批判されるんじゃないかと常に周りの目が気になってしまいます。どうしたらいいでしょうか？」

その質問には多くの方が頷いていましたが、実は、私も以前はそうでした。だからここも私は大きく共感できました。

娘を産んで2年ほど専業主婦をした後、前述のようにボランティアをしながらギャラリーを開く準備をしていたのですが、その間はまったく自分に自信を持てなかったのです。

何しろアジア現代アートという市場すらなかった時代で、趣味が悪いとバカにされるの

ではないかと、私は常に周りの目を気にしていました。否定されたり、批判されたりするのが怖かったのです。

そんなとき、たまたまあるアーティストにその話をすると、彼は笑って言いました。

「So what?（だから何？）」

そしてこう続けたのです。「人は皆、言いたいことを言うよ。でも、それでシゲコがだめになるわけじゃない。別に死ぬわけじゃないよね？」

彼によれば、アーティストはいつも何かを制作していますが、それは常に評価にさらされています。その都度、評価に一喜一憂していたら心も身体ももたなくなってしまいます。そんなとき彼は「だから何？」と思うようにしているのだそうです。人の評価が気になって自分の人生を生きられないなんてもったいない。彼の話を聞いた私は迷いを吹っ切ることができ、自分の目的に向かってまっしぐらに進めるようになりました。

そんなエピソードを講演で話すと、質問をしてくれた女性は目に涙をためながら、ご自身の話をしてくれました。聞くと、彼女はサイドビジネスでアクセサリーをつくって売っていましたが、やはり自分のデザインを批判されるのが怖かったのだというのです。

「でも、確かに死ぬわけじゃないですよね。別に誰かに何か言われたって、〝だから何？〟ですよね！」彼女はこれから頑張れる気がしてきたと笑顔で言ってくれました。人の気持ちを変えることはできませんが、それに対する自分のリアクションは、自身のコントロール下にあります。だからこそ、〝気にしない〟という自制心を発揮して「So what?」。そうやって自分の人生を生きていくのです。

パッションでは食べていけない？

パッションがなければ、この長い人生を幸せに生きていくことは難しい。人生100年時代を迎えて、私はますますそう思うようになりました。ですが「パッションでは食べていけない、もっと堅実な仕事を選んだ方がいい」そう思う人もいると思います。私のところに届く質問にも、このパッションと現実との狭間で悩む親御さんからのものがたくさんあります。

実は我が家ではこの問題にとても早いうちから直面していました。それは、娘がバレリーナを目指していたからです。実は、バレリーナという職業だけで食べていくのは非常に困難なことです。ですが我が家では一切、「パッションでは食べていけないのだからやめなさい」とは言いませんでした。その代わり「どうやったらバレエを続けていけるか」を考えることにしたのです。好きなことで食べていくにはどうすればいいか？　そのためにはそのパッションを支えていける副業があればいい。だけど教育がなければ副業の選択肢は狭まります。

好きなバレエを長く続けるためには、むしろ経済的に困窮しないよう高校や大学にきちんと行った方がいいのです。

その娘も今年大学2年生になりますが、バレエというキャリアを卒業することに決めました。そして高校3年生から温めてきた、政治やファイナンス分野の勉強に本格的に打ち込むことになりました。このパッションの方向転換が可能だったのも、教育というアンカーがあったからだと思います。教育とは知識の詰め込みではなく「自分を知り考える力を育てる」ものです。パッションとともに生き続ける、生きがいのある人生を歩む力を育む、それが学校と家庭での教育だと思っています。

私自身も、パッションであるアートの世界で邁進してきましたが、50歳になる頃、アジアのアートの素晴らしさを伝えるという自分の役目はひとまず終わったような気がしました。もちろんパッションはパッションとしてありますが、これからはアートとの関わり合いを「アジアの素晴らしさを伝えるビジネス」から「アートの楽しさを伝える社会貢献活動」というミッションに変えたいと思っています。アートというパッションはそのままに、だけど「何のために」がちょっと変わってきたのです。これからはいろいろな人に現代アートの楽しさを伝えていけたらと思います。

本書の冒頭でもお話ししましたが、もっと違う形で人の役に立ちたいと考えたとき、そこにあったのは、人を支えるライフコーチという仕事でした。未来に向けての人生設計、キャリア構築のお手伝いをしたい。それが私の大きなパッションとなっていたのです。スキルがあれば、自分の思い描いたような人生をつくることができます。そのスキルを一人でも多くの方とシェアしたい。そんなパッションです。そのときすでにライフコーチの資格を取っていた私は、まずは副業としてライフコーチをはじめ、徐々にアートギャラリーの仕事からライフコーチの方に仕事の重点を移していったのです。というのも新米ほやほやのコーチではどんなにパッションがあっても食べていくのは難しかったから。でもありがたいことに今では、ライフコーチ、そして執筆することが私のメインの仕事になっています。

繰り返しますが、パッションは酸素と同じように、生きていくために必要不可欠なものです。パッションがなければ、人生１００年時代を幸せに生きていくことは難しいでしょう。だからこそお子さんが好きなことを見つけたときに「それでは食べていけない」と否定してしまうことは、お子さんが生きがいある人生を歩む基礎を踏みにじってしまうことにもなると思います。大切なことはパッションを持つということ。生きがいのある人生を生きるということです。

別にそれで食べていくことを考えなくてもいいのです。思い出してください。国連の仕事の定義の4番目。それは自分の人生をより幸せにそして豊かにするというもの。それも大切な仕事です。でもそこで経済的基盤ができないなら、それを可能にする有償の仕事を見つければいい。そんな親側のマインドチェンジはお子さんのパッションをサポートするときに大いに役立つことでしょう。反対にこのマインドチェンジができなければ「いい大学、いい会社」と、いつかどこかでお子さんに押しつけてしまうのではないでしょうか。

子どもがくじけそうなときは、「何のために」を思い出させる

子どもが途中でくじけそうになっていたら、親は「何のために」それをするのかを思い出させて、支えることが大切です。

「何のために」それをするのでしょうか。「何のために」人生を生きるのでしょうか。

「人生は1回きり。だけど、思いっきり生きることができれば1回で十分」

ある女優さんが言った言葉ですが、本当にその通りだと思います。社会の一員として自

分には何ができるのかという大きなビジョンを持ち、夢を見る力、そして叶える力を持つ子どもが、生きがいある人生を歩み、その過程で世界をより良く変えていくのです。

たとえ点数で測られ、人と比べられる社会だとしても、常にこの「何のために」を考え、「非認知能力」を伸ばしていくことには大きな意義があります。というよりも点数主義社会だからこそ非認知能力を伸ばす必要がある、といえます。

なぜなら、高い「非認知能力」があれば、点数主義など乗り越えて強く生きていけるからです。親も子も、点数なんて人生のほんの一部のことにすぎない、人生には点数よりも大切なことがあると知っているからです。つい最近「もっと勉強ができれば」と言って自殺してしまった子がいました。その子の苦しみを思うと胸が潰れそうになります。お子さんをそんな苦しみから救うためにも非認知能力を高めることが非常に大切です。「非認知能力」を高めることで、受験のプレッシャーも乗り越えられますし、思うようにいかない就職活動でも自分なりの答えを見つけられるでしょう。何より、自分の人生を自分らしく切り開いていく力が身につくのです。

自分らしい幸せな人生は勝ち取るもの

長い人生では大きな壁の前で戸惑うこともあります。失敗することだって失望することだってあるでしょう。生きていくことは大変なことです。ましてや幸せに生きていくとなると、運を天に任せていては一体どんな人生になるのかわかりません。幸せな人生は自分で戦い、勝ち取らないといけません。そのための最大の武器となるのが「非認知能力」です。そしてその「非認知能力」を育む入り口となるのが「好き」なのです。好きだから自分からやる、好きだから諦めない、好きだからより良い方法を考え出す、好きだから続ける、好きなことをしているから自己肯定感、自尊心、自信が高まる、自分を大切にできるから他人に対して共感力や協働力を発揮することができる。そんな自分だから応援してくれる人が現れる。

お子さんがなかなかパッションを見つけないからといって、けっして諦めないでください。焦らないことです。お子さんを信じ、諦めずにいろいろな経験をさせてあげてください。いろいろな人と過ごす時間を確保することです。そうしているうちに、必ずお子さんは自分にとってのパッションを見つけ、自分らしい幸せな人生を手に入れることでしょう。そんなお子さんを生涯支え続けるのが、「非認知能力」なのです。

第6章のポイント

- 子どものパッションを探し、支えるのが親の仕事
- 我が子は何に興味を持つのか、どんなときに頑張るのかなど、よく観察することが大事
- さまざまな挑戦や出会いを経験させる
- 子どものフロー（熱中）状態を見逃さない
- パッションは見つかるまで探し続ける
- お稽古ごとは、はじめ方とやめ方のルールを決めておく
- 常に「何のためにやるのか」を問う
- 親にもパッションが必要。まずは気楽に好きなことからはじめてみよう

さいごに

19回目の夏

私が娘との時間を思うとき、真っ先に心に浮かぶのが夏休みです。アメリカの夏休みは3か月と長く、子どもたちはこの間に普段時間がなくてできないことや、やってみたかったことを体験します。アートのクライアントが皆休暇に入ることもあって、夏の間はほとんど仕事のない私は「専業ママ時間」を楽しむのですが、その中でも一番忘れられないのは、娘が10歳のときの夏です。

その年、奨学金を得てアメリカン・バレエ・シアターのサマーキャンプに参加することになった娘は、ニューヨークで2週間過ごすことになりました。でもこの学校には寄宿舎がなかったため、私がニューヨークのホテルで一緒に過ごすことになりました。ニューヨークに不慣れな私に代わって娘が学校までの行き方を調べてくれたり、朝は一緒に地下鉄に乗って、帰りは迷いながらも一緒に歩いて帰ったり。経費節約でお夕飯はホテル備えつけの電子レンジで何が食べられるかを考えたりもしました。レッスン初日のクラス分けで、一番上のクラスに入れずちょっとしょげていた娘が、アイスクリームを食べた途端に元気になったことなど、忘れられない瞬間がいっぱい詰まった夏でした。
また、それは娘がさまざまなことを率先してやってくれて、まるで親子逆転したような、そんな夏でもありました。でも、もしかしたら本当は最初からそうだったのかもしれません。私は「子育て」しているつもりでしたが、本当は私が娘に育てられていたのかもしれません。

生まれたばかりの娘が私の顔を見て笑いかけてくれる。それだけで心が幸せで満たされます。足の指を発見して面白がって口に入れる様子を見て「あー、本当に本に書いてあることやってる！」なんて夫と二人で笑ったこともありました。膝小僧を擦りむいて泣きそうな娘を「大丈夫だよ、good job!」と元気づけたり、テニスで負けてがっかりした顔をする娘を抱きしめたり。そんな愛に溢れる毎日は私の元気の素であり、幸せの素でもありました。毎日の些細な幸せは私の心をポジティブにしてくれ、自分の人生を歩む勇気を与えてくれたのです。

自分のためだけならできなかったことがたくさんありました。「もういいや、どうせ無理だから」「もう疲れた」と、自分の仕事でも諦めそうになったことが何度もありました。だけどその度に立ち上がったのは、私の背中を見て育っている娘の存在があったからです。私が諦めたら、私が自分自身を信じなかったら、私が前に進むのをやめてしまったら、一体私はこの子に何を伝えられるのだろう。

そうして私は発展途上だった自分の「非認知能力」を育むことができたのです。ですから、やっぱり私は娘に育てられたのかもしれません。子どもは無条件に親を愛してくれる、その愛にはものすごいパワーがあります。そして親はそんな無償の愛に癒され励まされ続けるのでしょうね。これも「子育て」の醍醐味だと思います。

そして今年、スカイと一緒にすごす19回目の夏。娘は昨年優勝した「全米最優秀女子高生」のタイトルを今年度の優勝者に渡すため、再び会場であるアラバマへと旅立ちました。夫婦で娘に会いに行ったのですが、その3000人収容の会場で、各州からの50名の代表を率いて舞台を成功させるプレッシャーと、その一方で、タイトルを新しい優勝者に手渡すことに寂しさを感じている娘に出会うことになりました。葛藤する娘を見守る。それは辛い役目ですが、子育てでは避けて通れないこと。

その大舞台の後、親子での講演会実現のため一緒に日本に飛んだのですが、日本滞在中講演会のないとき、娘は、彼女の現在のパッションであるファイナンス系のインターンの仕事を自分で探してきて働いていました。「日本語難しい！」と職場での苦労話をし、すすんで日本語学校に通うことにもなりました。その学校初日、日本語のレベルを決めるテストでは、100点満点中なんと22点という快挙⁉ を成し遂げ、それでも娘は「結構できてる」と笑っていました。

これからが人生本番。彼女の行く道には、いろいろなことが待っているでしょう。でも自分らしい人生を勝ち取るための最大の武器「非認知能力」で、きっと自分らしく幸せな人生を手に入れてくれると信じています。私が転びながらも「非認知能力」と共に自分自身を育ててきたように、これからは、娘は自分で自分を育てていくのでしょう。そんな娘をいつまでも見守っていたい。そうしたことを考えながら過ごした、〝子育て〟19回目の夏でした。

最後まで読んでくださった読者の皆さま、本当にありがとうございます。私と娘の成長の記録が少しでも皆さまのお役に立つのなら、これほど光栄なことはありません。

本著は小学館の下山明子さんあってこその企画でした。感謝の言葉しかありません。「一緒にやりましょう!」とメールをいただいてから、大切なことを本当にたくさん教えていただきました。どんなときも私の気持ちを汲み取って導いてくださりありがとうございました。この出会いに感謝します。そして、構成をお手伝いいただいた真田晴美さん、私のエージェント、アップルシード社の宮原陽介さん、中村優子さん、広報担当の鎌田嘉恵さん。最高のチームワークをありがとうございました。

最後に、いつも私を見守っていてくれる夫ティムと娘スカイに愛を込めて。

2018年9月　ワシントンDCにて

ボーク重子

参考文献

『幼児教育の経済学』ジェームズ・J・ヘックマン著、古草秀子訳／東洋経済新報社（2015）
『タイガー・マザー』エイミー・チュア著、齋藤孝訳／朝日出版社（2011）
『パパは脳研究者　子どもを育てる脳科学』池谷裕二著／クレヨンハウス（2017）
『3000万語の格差　赤ちゃんの脳をつくる、親と保育者の話しかけ』
ダナ・サスキンド著、掛札逸美訳／明石書店（2018）
『AI vs 教科書が読めない子どもたち』新井紀子著／東洋経済新報社（2018）
『マインドセット「やればできる!」の研究』キャロル・S・ドゥエック著、今西康子訳／草思社（2016）
『Quiet　内向型人間の時代』スーザン・ケイン著、古草秀子訳／講談社（2013）
『反共感論―社会はいかに判断を誤るか』ポール・ブルーム著、高橋洋訳／白揚社（2018）
『迷惑な進化　病気の遺伝子はどこから来たのか』シャロン・モアレム著、矢野真千子訳／NHK出版（2007）
『世界でひとつだけの幸せ―ポジティブ心理学が教えてくれる満ち足りた人生』
マーティン・セリグマン著、小林裕子訳／アスペクト（2004）

ボーク重子 Bork Shigeko

ICF認定ライフコーチ、アートコンサルタント。福島県出身、米・ワシントンDC在住。30歳の誕生日前に渡英、ロンドンにある美術系大学院サザビーズ・インスティテュート・オブ・アート に入学。現代美術史の修士号を取得後、フランス語の勉強のために訪れた南仏の語学学校で、アメリカ人である現在の夫と出会う。1998年渡米、出産。子育てと並行して自身のキャリアも積み上げ、2004年、念願のアジア現代アートギャラリーをオープン、2006年、ワシントニアン誌上でオバマ前大統領（当時は上院議員）と共に「ワシントンの美しい25人」のひとりとして紹介される。また、一人娘スカイは2017年「全米最優秀女子高生」コンテストで優勝、多くのメディアに取りあげられた。現在は全米・日本各地で、子育て・キャリア構築・ワークライフバランスについて講演会やワークショップを展開中。著書に『世界最高の子育て』（ダイヤモンド社）などがある。
＊著者エージェント　アップルシードエージェンシー
http://www.appleseed.co.jp/

カバーデザイン　渡邊民人（TYPEFACE）
本文デザイン　清水真理子（TYPEFACE）
カバー写真　iStok.com/evegenyatamanenko
構成協力　真田晴美

編集　下山明子

「非認知能力」の育て方
心の強い幸せな子になる0～10歳の家庭教育

2018年10月31日　初版第一刷発行

著　者　ボーク重子
発行人　岡靖司
発行所　株式会社　小学館
〒101-8001 東京都千代田区一橋2-3-1
電話　編集　03（3230）5724
販売　03（5281）3555
印刷所　大日本印刷株式会社
製本所　牧製本印刷株式会社

 ISBN978-4-09-388633-8